第一次全国自然灾害综合风险普查培训教材

公共服务设施调查

国务院第一次全国自然灾害综合风险普查领导小组办公室　编著

应急管理出版社

·北　京·

内 容 提 要

本书是第一次全国自然灾害综合风险普查培训系列教材之公共服务设施调查培训教材。第一章，明确公共服务设施类的调查对象、任务与原则。第二章，制定公共服务设施调查的实施流程，包括调查前准备、调查的目的、任务分工和调查流程，具体工作流程又分为内外业实施流程和调查表审核上报流程。第三章，针对学校、医疗卫生机构、公共文化场所等不同调查对象分别介绍了调查技术规范，包括调查基本流程和调查表说明。第四章，以北京市房山区公共服务设施调查过程为例，讲述了摸清清查底数、具体对象清查案例、普查数据统计汇总等清查、调查过程关键节点和内容示例。第五章，列举了调查过程中的注意事项、关键名词解释和常见问题解答等内容。

本书主要用于应急管理部门开展公共服务设施调查技术规范解读、培训，以及供基层调查人员和各级普查办调查数据质量控制人员使用。

《第一次全国自然灾害综合风险普查培训教材》
编　委　会

本书编写组

主　　编　张　化

副 主 编　吴吉东　王　瑛　赵　飞　王　曦

编写人员　许映军　陶　军　潘东华　刘蓓蓓　孙鑫喆

　　　　　吴新燕　胡海洋　谢恬恬　王　平　李雪敏

　　　　　李佳姿　董　琳　杨有田　盛　丹　李汶莉

　　　　　王晨璐　黄　宁　刘建森　邓　燕　张　恒

序 一

我国是世界上自然灾害最为严重的国家之一，灾害种类多、分布地域广、发生频率高、造成损失重，这是一个基本国情。党中央、国务院历来高度重视自然灾害防治工作，2018 年 10 月 10 日，习近平总书记主持召开中央财经委员会第三次会议，专题研究提高自然灾害防治能力，强调要开展全国自然灾害综合风险普查。按照党中央、国务院决策部署，国务院办公厅印发通知，定于 2020 年至 2022 年开展第一次全国自然灾害综合风险普查，成立了由国务院领导同志任组长的普查工作领导小组，县级以上地方各级人民政府设立相应的普查领导小组及其办公室，按照“全国统一领导、部门分工协作、地方分级负责、各方共同参与”的原则组织实施。

全国自然灾害综合风险普查遵循“调查－评估－区划”的基本框架开展，调查是基础、评估是重点、区划是关键。普查涉及范围广、参与部门多、协同任务重、工作难度大，第一次开展地震灾害、地质灾害、气象灾害、水旱灾害、海洋灾害、森林和草原火灾六大类自然灾害风险要素调查、风险评估和区划的全链条普查；第一次实现致灾部门数据和承灾体部门数据有机融合，推动部门数据共享共用，助力灾害风险管理；第一次在统一的评估区划技术体系下开展工作，形成较为完整的自然灾害综合风险评估与区划技术体系。

“工欲善其事，必先利其器。”此次普查工作是中华人民共和国成立后首次开展的自然灾害综合风险普查，没有现成模式可套、没有现成经验可循、没有现成路子可走，普查的过程本身就是一个探索创新、积累经验、推动工作的过程。本次普查涉及主体多，国家、省、市、县、乡、村都有普查队伍，各地基础不同，但技术规范和工作目标一致。在这样的情况下，一套专业、权威的教材尤为重要，它不仅仅是普查海量知识呈现的载体，同时也是普查工作者的实操指南。每一本教材都是创新的成果，都凝结着教材编著人员的辛勤汗水，承载着广大普查工作者的期盼。这套教材的编著者均为不同部门、不同领域的专家，同时也是本次普查工作的设计者、推动者和实践者，他们以高度的政治责任感和使命感，以及科学严谨的工作作风，为普查工作倾注了大量心血、汗水和智慧。我谨向他们表示崇高的敬意和衷心的感谢！

这套教材有统有分，注重理论知识与实践操作的紧密结合，突出了科学性、专业性和实用性。希望广大普查工作者能在其中汲取知识，学有所思、学有所获，也希望各级普查办和行业单位能在普查培训中用好这套教材。

郑国光

国务院第一次全国自然灾害综合风险普查

领导小组办公室主任

二〇二一年十二月

序　二

为全面掌握我国自然灾害风险隐患情况，提升全社会抵御自然灾害的综合防范能力，经国务院同意，定于2020年至2022年开展第一次全国自然灾害综合风险普查工作。全国自然灾害综合风险普查是一项重大的国情国力调查，是提升自然灾害防治能力的基础性工作。通过开展普查，摸清全国自然灾害风险隐患底数，查明重点地区抗灾能力，客观认识全国和各地区自然灾害综合风险水平，为中央和地方各级人民政府有效开展自然灾害防治工作、切实保障经济社会可持续发展提供权威的灾害风险信息和科学决策依据。

第一次全国自然灾害综合风险普查是多灾种、系统性和综合性的普查，涉及范围广、参与部门多、协同任务重、工作难度大。对普查工作人员开展广泛的业务培训，建设一支素质高、业务精的普查工作队伍，是保障本次普查工作质量的前提和基础。为提高培训效果，规范普查数据采集、评估与区划工作，确保普查数据和成果质量，国务院第一次全国自然灾害综合风险普查领导小组办公室（简称国务院普查办）精心策划，组织自然灾害风险相关领域专家，围绕《第一次全国自然灾害综合风险普查实施方案（修订版）》，通力合作，编写完成了系列培训教材。本套培训教材体系完整、内容全面，既独立成册又相互补充，形成了较为完整的自然灾害综合风险普查培训教材体系。

参与这次自然灾害综合风险普查培训教材编写工作的人员多，既有应急、地震、自然资源（地质灾害、海洋灾害）、水利、气象、林草、住建、交通等部门的工作人员、技术支撑单位专家，又有相关高校和科研院所的专家学者，还有参与普查试点工作的普查人员。他们需要详细研究吃透实施方案，又要收集整理资料、补充案例；既要体现专业水准，又要满足通俗易懂的需求，为此付出了大量辛勤劳动。教材凝聚了所有编写人员的心血和智慧。在此，谨向所有参编人员表示由衷的敬意和诚挚的感谢！

本套培训教材在编写过程中，始终贯彻以下宗旨。一是通俗易懂，操作性强。以服务普查员为根本目的，突出实用性。教材以好学、易懂、操作性强为原则，简明扼要、浅显易懂地阐述普查内容、技术和方法，避免学术化和理论化表述。二是图文并茂、例证丰富。教材针对普查内容专业性较强的特点，将普查内容、流程、步骤利用图表和文字清晰表达出来，对于一些难点问题教材中引用了实例进行阐释。三是标准统一、特色鲜明。各教材在章节结构、格式体例、出版风格上标准统一，内容又各具特色、完整准确。

本套培训教材在编写完成后，按照国务院普查办安排部署，经主持编写单位专家审核后，由国务院普查办技术组组织全体专家审查，再由国务院普查办主任办公会审定，做到了层层把关，确保了教材培训的质量。

本套培训教材是自然灾害综合风险普查培训的权威工具书，是各级普查人员的重要参考材料，是社会公众了解自然灾害综合风险普查的窗口。希望广大的自然灾害综合风险普查工作人员用好本套培训教材，准确地把握普查的内容和要求。

自然灾害综合风险普查培训教材是第一次编写，教材中的一些不足之处，需在普查实施过程中不断修改和完善。书中疏漏和不妥之处，敬请读者批评指正。

国务院第一次全国自然灾害综合风险普查领导小组办公室技术组组长

应急管理部－教育部　减灾与应急管理研究院副院长

北京师范大学地理科学学部教授

二〇二一年十一月

前　言

公共服务设施是人类社会承灾体中的重要组成部分，一般具有“高脆弱”“高聚集”“关键保障性”的特点，因此将其作为第一次全国自然灾害综合风险普查中承灾体调查的重点内容之一。本次公共服务设施调查的对象，包括学校，医疗卫生机构，提供住宿的社会服务机构，公共文化场所，旅游景区，星级饭店，体育场馆，宗教活动场所，大型超市、百货店和亿元以上商品交易市场9大类。鉴于试点大会战经验，分别对对象范围、实施流程、技术规范、示范案例及常见问题5部分内容进行了详细整理和编制。

本书第一章，主要帮助管理人员和基层调查人员明确公共服务设施对象类别和调查范围；第二章，可用于管理人员明确分工和进度控制；第三章，解读公共服务设施调查技术规范，用于调查采集员或技术人员全面掌握技术指标含义和调查流程；第四章，提供试点“大会战”调查数据案例，帮助管理人员确认目标，并掌握总体数据质量；第五章，收集了全国试点阶段常见问题，帮助基层调查人员从容应对可能面临的各种实际或技术问题。

为了切实做好公共服务设施调查工作，确保对象准确、过程清晰、数据质量达标、进度及时，按照第一次全国自然灾害综合风险普查办公室的要求，北京师范大学编制了本书，供管理人员和基层调查人员学习和使用。

本书根据调查技术规范要求，结合工作实际，从对象范围界定、组织实施流程、规范技术解读、成果示范案例、调查常见问题5个方面，全面阐述了组织管理、清查与调查技术、数据成果形式及常见技术问题解决方案等内容，具有较强实用性和操作性。

希望通过培训和学习，能进一步提高相关普查工作人员的管理水平和技术水准，为顺利完成公共服务设施调查任务打下坚实的基础。

本书编写组

2021年9月

目　　次

第一章 对象、任务与原则

公共服务设施调查是全国自然灾害综合风险普查中承灾体调查的重要组成部分。公共服务设施调查重点是对学校、医疗卫生机构、公共文化场所等重要承灾体的空间位置信息、保障服务能力及灾害属性等基本情况开展调查。调查成果将为开展重点隐患排查和评估、风险评估和区划提供翔实可靠的本底数据，为客观认识全国和各地区灾害综合风险水平、有效开展自然灾害防治和应急管理工作提供权威的灾害风险信息和科学决策依据。

第一节 调查对象、范围和时间

公共服务设施调查对象，具体包括学校，医疗卫生机构，提供住宿的社会服务机构，公共文化场所，旅游景区，星级饭店，体育场馆，宗教活动场所，大型超市、百货店和亿元以上商品交易市场共9类。

公共服务设施调查范围包括全国各省、市、县级行政区（不含香港特别行政区、澳门特别行政区和台湾地区），按照“在地统计”的原则开展各项普查任务。

普查数据截至2020年12月31日，上一年度为2020年，近30年为1991—2020年；试点数据截至2019年12月31日，上一年度为2019年，近30年为1990—2019年。

第二节 调查任务和内容

调查全国公共服务设施承灾体经济价值和功能特征等指标，形成全国、省、市、县四级高分辨率公共服务设施承灾体灾害属性空间数据集。

公共服务设施调查内容包括上述调查对象的指标信息和空间数据信息，以及基础指标的统计。

第三节 调 查 原 则

一、独立性原则

对于9大类调查对象空间范围，应具有独立的空间范围和灾害属性信息；当同一空间范围内存在2大类及以上的对象时，需要分别进行调查，主要是因为大类对象之间灾害属性信息差异较大。

二、匹配性原则

公共服务设施调查应遵循普查对象地理位置信息与属性信息空间匹配的基本原则，即所有调查对象，均应具有空间范围及其对应的灾害属性信息。

三、底线原则

本次调查规定的对象范围遵循“底线”原则，即已明确规模或范围的对象必须调查，针对未达到所限定规模或范围的对象，各省、市、县可根据地方实际需求适当扩增。

第二章 实 施 流 程

公共服务设施调查的实施流程，具体包括调查的组织和准备、清查流程、内外业实施流程和调查表审核上报流程。调查的组织和准备主要应明确组织主体、责任主体和准备工作内容；清查流程和内外业实施流程均包括目的和内容、任务分工、调查流程。本章内容主要供组织和实施部门参考，各级部门可根据职能分工和实际情况进行调整。

公共服务设施普查流程如图 2－1 所示。

第一节 调查的组织及准备

县级人民政府组织辖区内应急管理、教育、卫健、民政、文旅、宣传、科技、体育、统战、商务、统计等部门，共同完成本辖区内的调查工作。应急管理部门为责任主体部门，负责统筹、协调、组织开展调查工作。教育、卫健、民政、文旅、宣传、科技、体育、统战、商务、统计等部门负责组织主管行业涉及的调查对象完成调查工作。各部门分别对所管理的公共服务设施对象进行全面清查，并对每个调查对象填报相应的调查表。基础指标统计表由统计部门依据县级年度统计数据填报。

公共服务设施普查内容及部门分工技术路线如图 2－2 所示。

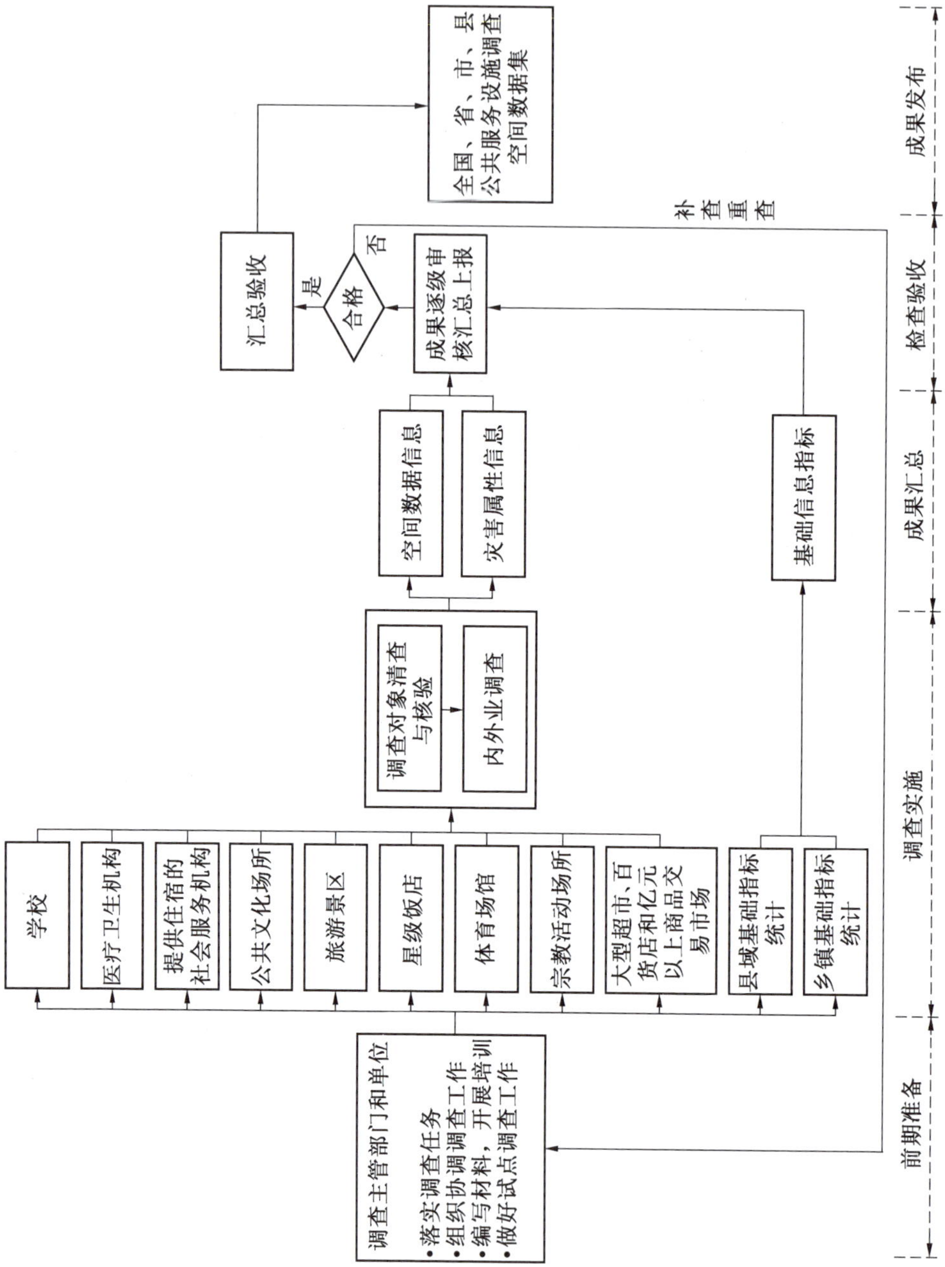

图2－1 公共服务设施普查流程图

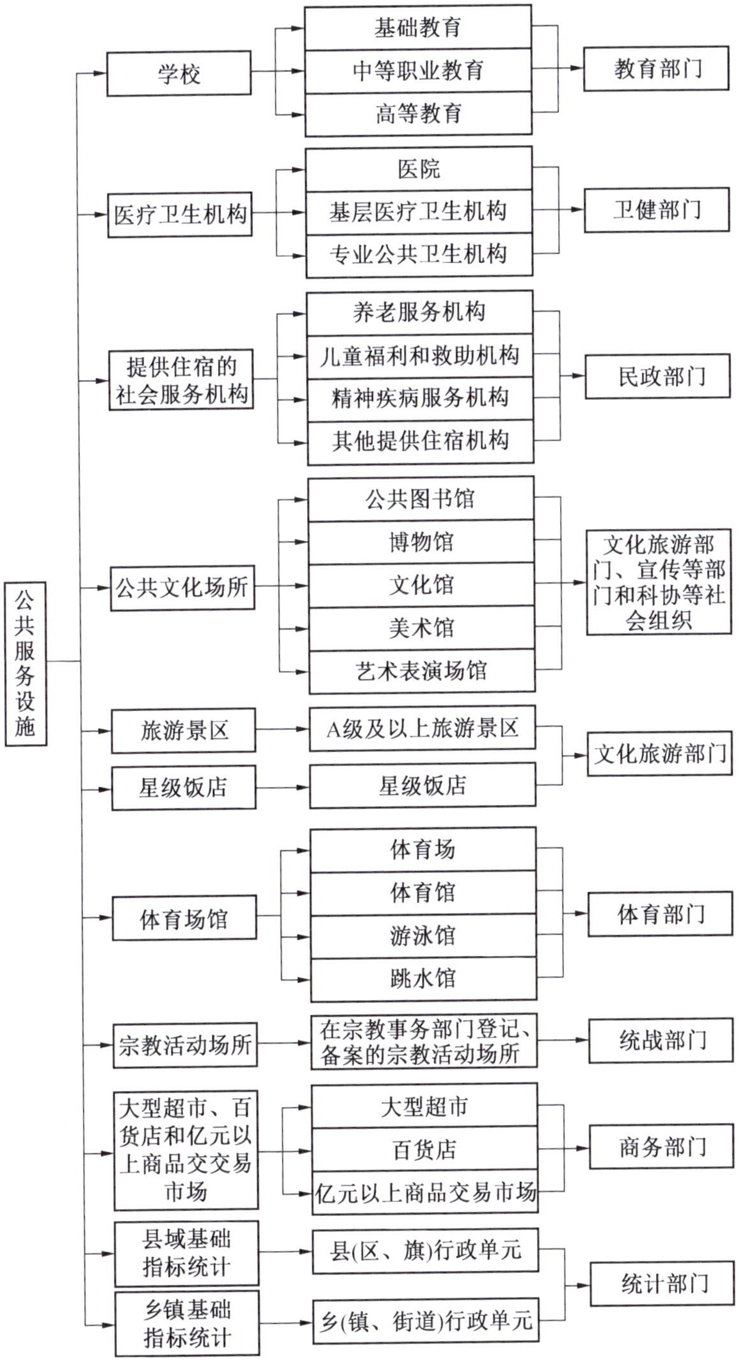

图2-2 公共服务设施普查内容及部门分工

第二节　调查对象清查流程

一、清查目的和内容

调查对象清查是为了摸清、掌握调查对象目录、基本情况和分布状况，确保调查对象不重不漏。公共服务设施清查填报信息见表2-1，

表2-1　公共服务设施各类对象清查填报信息表

序号	调查对象	清查填报信息
1	学校	名称、地址、位置、统一社会信用代码、学校（机构）标识码
2	医疗卫生机构	名称、地址、位置、统一社会信用代码、医疗卫生机构类别代码
3	提供住宿的社会服务机构	名称、地址、位置、统一社会信用代码
4	公共文化场所	名称、地址、位置、统一社会信用代码
5	旅游景区	名称、地址、位置、统一社会信用代码
6	星级饭店	名称、常用名、星级、地址、位置、统一社会信用代码
7	体育场馆	名称、地址、位置、统一社会信用代码
8	宗教活动场所	名称、地址、位置、统一社会信用代码
9	大型超市、百货店和亿元以上商品交易市场	名称、地址、位置、统一社会信用代码

注：清查填报信息中，位置信息均为点状空间数据；对于尚未领取统一社会信用代码的单位（机构），填原组织机构代码。例如星级饭店的清查填报信息：名称“北京汇豪国际酒店管理有限公司”、常用名“汇豪国际酒店（××店）”、星级“四星级”、地址“窦店镇窦大路甲8号”、经度“××.××××××”、纬度“××.××××××”、统一社会信用代码“911101116804659786”。

包括本辖区所有在普查范围之内的单位、机构或场所的目录、基本情况和空间分布信息。清查工作利用统一开发的软件开展，清查软件中包括基础底图“天地图”，为全国清查提供统一的时空基准和地理参考，便于各级清查人员对周边环境进行识别和定位。

二、任务分工

清查工作由国家、省、市、县级应急管理部门和其他参与部门共同完成，采用“自下而上”的方式。县级应急管理部门协调县级各参与部门组织对调查对象的清查，汇总清查成果，并逐级上报。国家级应急管理部门形成全国清查成果。

三、清查流程

县级应急管理部门协调县级各参与部门，开展清查数据的录入和审核汇总工作。

（一）数据录入

数据录入采用批量导入和逐项填报两种方式。将清查指标录入系统，系统根据输入的地址信息或者经纬度信息识别清查对象的空间点位，系统无法自动识别的位置信息，可以手动进行修正。清查阶段，空间点位信息采集清查对象的最大边界范围内的任一点位均可。

（二）审核汇总

在县级自然灾害综合风险普查办公室领导下，县级应急管理部门具体负责组织教育、卫健、民政、文旅、宣传、科技、体育、统战、商务、统计等部门对填报的清查数据进行质量审核，数据审核通过，依托系统提交至上级应急管理部门审核；数据审核未通过，数据需返回上报部门进行修正后再提交。应急管理部对各省提交的数据进行质量检查和汇总，形成清查成果。清查成果包括全国清查对象图层（普查工作底图）和全国清查数据（普查对象目录）。

调查对象清查流程技术路线如图2－3所示。

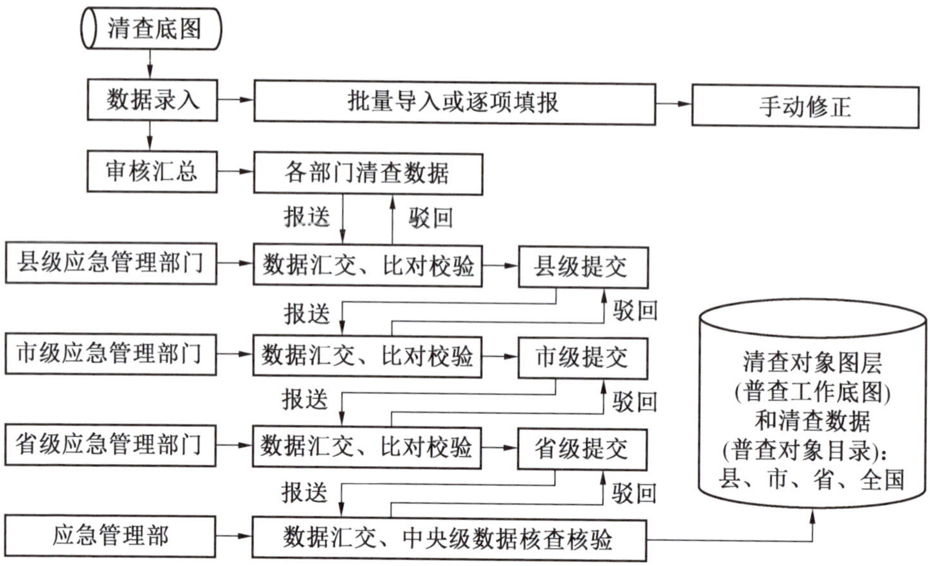

图 2－3　调查对象清查流程技术路线图

第三节　内外业实施流程

一、调查目的和内容

内外业调查是公共服务设施调查的主体工作，是基于调查工作底图和清查名录，补充完善各类调查对象空间数据和调查指标信息，形成最终调查成果的重要环节。调查对象的指标信息依据表 2－1 进行采集；空间数据信息采集几何类型都为面状空间数据。调查工作依托统一开发的全国自然灾害综合风险普查数据采集系统开展。基于不同对象空间属性信息的差异化原则，不同大类对象之间的空间范围是可重叠的。

二、任务分工

内外业调查主要由县级应急管理部门协调各参与部门共同完成。县级应急管理部门负责本区县所有调查工作的组织协调、人员配置、业务培训、空间数据采集及审核汇集。各参与部门负责相应调查对象的指标信息采集。

三、调查流程

（一）调查指标信息采集

县级各相关行业部门依据调查表要求组织采集调查信息，在软件中采用批量导入或逐项填报两种方式录入调查指标信息。

（二）空间数据采集

空间数据采集包括内业采集和外业采集。县级应急管理部门组织调查员，借助全国灾害综合风险调查软件，在内业优先完成空间数据的核查修改、补充标绘和疑问标记。空间数据核查修改是指对调查图层上已有的点状空间数据进行审核，利用软件修改错误数据。空间数据补充标绘是指针对在调查图层上只有点状空间数据，还需要采集面状空间数据的情况，利用软件补充标绘相应面状数据；如果调查图层上有应采未采的调查对象，应采用软件补充标绘相应的点状、面状空间数据。疑问标记是指对内业无法确认的空间数据，逐一进行标记，以待调查员外业调查。

外业空间数据采集是县级应急管理部门组织调查员开展外业调查工作，完成空间数据的现场查勘、查遗补漏和疑问标记。对调查对象进行现场查勘，尤其要对内业中有疑问标记的进行重点勘查，如果有错误，审核修正空间数据信息。查遗补漏是指对外业调查过程中发现存在应采未采的调查对象，利用软件补充采集标绘该对象的空间数据。疑问标记是指对外业调查过程中发现调查任务中有但实地无法找到的对象进行标记，报县级应急管理部门核实后予以注销。内外业实施流程技术路线如图 2－4 所示。

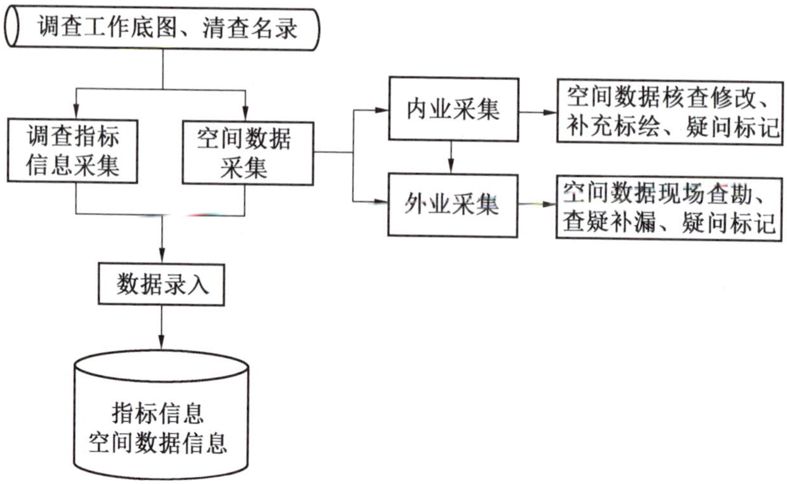

图 2－4　内外业实施流程技术路线图

第四节　调查表审核上报流程

按照“自下而上”的流程，省市县三级应急管理部门组织教育、卫健、民政、文旅、宣传、科技、体育、统战、商务、统计等各参与部门负责相应调查对象调查指标信息的质量核查，保证数据质量的真实性。县级还应组织乡镇（街道）、村（社区）参与质量审核工作。质检核查工作具体按照《应急管理系统调查成果质检核查办法》执行。县级应急管理部门负责所有调查数据成果的汇总和核查，按照“各参与部门—县级应急管理局—市级应急管理局—省级应急管理厅（局）—应急管理部”的流程，将调查数据成果逐级审核、上报、汇总，形成国家级调查成果库。

第三章　调查技术规范

公共服务设施的调查具有种类庞杂、主管部门多的特点。为方便调查主管部门快速定位和查询各自应该负责的公共服务设施调查技术规范（包括基本流程和调查表说明），逐一列出了学校，医疗卫生机构，提供住宿的社会服务机构，公共文化场所，旅游景区，星级饭店，体育场馆，宗教活动场所，大型超市、百货店和亿元以上商品交易市场，县域基础指标统计、乡（镇）基础指标统计 11 类调查任务。

第一节　学　　校

一、基本流程

学校调查的基本流程包括明确调查范围与清查对象、清查成果汇总录入、内外业调查、质量审核上报环节。

（一）明确调查范围与清查对象

1. 填报范围

经县级及以上教育行政部门批准、备案实施基础教育的学校（机构）；按国家规定设置标准和审批程序批准成立，并在教育行政部门备案的实施中等职业教育的学校（机构）；经教育部或省、自治区、直辖市人民政府批准，并在教育部或省级教育行政部门备案实施高等教育的学校（机构）均应填报调查表，调查对象类型见表 3－1。填报范围主要包括基础教育、中等职业教育、高等教育三类，具体如下：

（1）基础教育：包括幼儿园、小学、初级中学、职业初中、九年一贯制学校、高级中学、完全中学、十二年一贯制学校、特殊教育学校、工读学校，含各类学校教学点，不包含附设教学班、托班。不含成人小学、成人初中、成人高中。

（2）中等职业教育：包括普通中专、成人中专、职业高中、技工学校、其他中职机构，不包含附设教学班。

（3）高等教育：包括普通高等学校、成人高等学校、民办其他高等教育机构，不包含附设教学班、研究生培养机构。

表3－1　基于《各级各类学校（机构）代码编制规则》分类的调查对象类型对照表

分类代码	行　业　分　类	调　查　与　否
11	幼儿园	调查
21	小学	调查
22	成人小学	不调查
31	普通初中	调查
32	职业初中	调查
33	成人初中	不调查
34	普通高中	调查
35	成人高中	不调查
36	中等职业学校	调查
37	工读学校	调查
41	普通高等学校	调查
42	成人高等学校	调查
51	特殊教育	调查
91	培养研究生的科研机构	不调查
92	民办的其他高等教育机构	调查
93	中等职业培训机构	调查
其他	非教育部门主管的机构，如党校等	不调查

2. 填报主体

填报主体为学校（机构）。

3. 其他注意事项

（1）教学点、分园、分校或校区等空间上独立的学校分支机构作为单体调查对象，均需单独填报调查表；附设教学班不作为调查对象单独填报，而是由举办附设教学班的学校（机构）填报。

（2）单位负责人，指调查对象主体的单位法定代表人或者法律、行政法规规定代表单位行使职权的主要负责人，主要把关调查表中所填报数据的真实性。统计负责人，指本调查表所涉及的行业主管部门中，对本调查表进行质量核查的质检人员；如涉及多个行业主管部门，则指县级应急管理部门中开展或对接此项调查任务的技术负责人。填表人，指本调查表的具体填报人。

4. 摸清调查对象工作量

结合统计年鉴、普查区域行业年报、相关部门专业管理系统等资料，摸清调查对象总数量，结合清查底图初步判断清查对象工作量。

（二）清查成果汇总录入

县级应急管理部门协调县级教育部门，开展清查数据的录入和审核汇总工作。

1. 数据录入

数据录入采用批量导入和逐项填报两种方式。将清查指标录入系统，系统根据输入的地址信息或者经纬度信息识别清查对象的空间点位，系统无法自动识别的位置信息，可以手动进行修正。清查阶段，空间点位信息采集清查对象的最大外边界范围内的任一点位均可。属于调查范围内的调查对象须形成清查成果表，属性字段见表3-2。

表 3－2　公共服务设施（学校）清查属性表

序号	指标名称	填报信息
1	对象分类	公共服务设施（学校）
2	单位名称	必填项，单位名称必须采用法人登记名称。 例如：北京师范大学实验小学
3	单位地址	必填项，填写详细地址信息，包括所在省、市、县、乡镇、街，精确到门牌号。 例如：北京市海淀区花园北路 49 号
4	位置信息	必填项，采集点矢量空间数据，空间数据附带位置信息

2. 审核汇总

县级应急管理部门对填报的清查数据进行质量审核，数据审核通过，依托系统提交至上级应急管理部门审核；数据审核未通过，数据需返回上报部门进行修正后再提交。应急管理部对各省提交的数据进行质量检查和汇总，形成清查成果。清查成果包括全国清查对象图层（普查工作底图）和全国清查数据（普查对象目录）。清查成果表示例见表 3－3。

表 3－3　公共服务设施（学校）清查成果表（示例）

序号	对象分类	单位名称	单位地址	位置信息	备注
1	公共服务设施（学校）	北京师范大学实验小学	北京市海淀区新街口外大街 19 号	经度、纬度（填报软件定位获取）	…
2	公共服务设施（学校）	北京师范大学实验幼儿园	北京市海淀区新街口外大街 19 号	经度、纬度（填报软件定位获取）	…
…	公共服务设施（学校）	…	…	…	…

表 3 -3（续）

序号	对象分类	单位名称	单位地址	位置信息	备注
n	公共服务设施（学校）	…	…	…	…

（三）内外业调查

内外业调查是公共服务设施调查的主体工作，是基于调查工作底图和清查名录，补充完善各类调查对象空间数据和调查指标信息，形成最终调查成果的重要环节。调查对象的指标信息依据公共服务设施（学校）调查表采集；空间数据信息采集几何类型为面状空间数据。调查工作依托统一开发的全国自然灾害综合风险普查数据采集系统开展。基于不同对象空间属性信息的差异化原则，不同大类对象之间的空间范围是可重叠的。

1. 任务分工

内外业调查主要由县级应急管理部门协调各参与部门共同完成。县级应急管理部门负责本区县所有调查工作的组织协调、人员配置、业务培训、空间数据采集及审核汇集。各参与部门负责相应调查对象的调查指标信息采集。

2. 调查流程

（1）调查指标信息采集。

县级各相关行业部门依据调查表要求组织采集调查信息，在软件中采用批量导入或逐项填报两种方式录入调查指标信息。

（2）空间数据采集。

空间数据采集包括内业采集和外业采集。县级应急管理部门组织调查员，借助全国灾害综合风险调查软件，在内业优先完成空间数据的核查修改、补充标绘和疑问标记。空间数据核查修改是指对调查图层上已有的点状空间数据进行审核，利用软件修改错误数据。空间数据补充标绘是指针对在调查图层上只有点状空间数据，还需要采集面状空间数据的情况，利用软件补充标绘相应面状数据；如果调查图层上有应采未采的调查对象，应采用软件补充标绘相应的点状、面状空间数据。疑问标记是指对内业无法确认的空间数据，逐一进行标记，以待调查员外业调查。

外业空间数据采集是县级应急管理部门组织调查员开展外业调查工作，完成空间数据的现场查勘、查遗补漏和疑问标记。对调查对象进行现场查勘，尤其要对内业中有疑问标记的进行重点勘查，如果有错误，审核修正空间数据信息。查遗补漏是指对外业调查过程中发现存在应采未采的调查对象，利用软件补充采集标绘该对象的空间数据。疑问标记是指对外业调查过程中发现调查任务中有但实地无法找到的对象进行标记，报县级应急管理部门核实后予以注销。

（四）质量审核上报

按照“自下而上”的流程，省市县三级应急管理部门组织教育、卫健、民政、文旅、宣传、科技、体育、统战、商务、统计等各参与部门负责相应调查对象调查指标信息的质量核查，保证数据质量的真实性。县级还应组织乡镇（街道）、村（社区）参与质量审核工作。质检核查工作具体按照《应急管理系统调查成果质检核查办法》执行。县级应急管理部门负责所有调查数据成果的汇总和核查，按照“各参与部门—县级应急管理局—市级应急管理局—省级应急管理厅（局）—应急管理部”的流程，将调查数据成果逐级审核、上报、汇总，形成国家级调查成果库。

学校调查实施流程技术路线如图 3－1 所示。

二、调查表说明

（一）内容框架

公共服务设施（学校）调查表从基本概况、人员情况、功能与服务、应急保障能力四个方面展开。

（二）指标体系

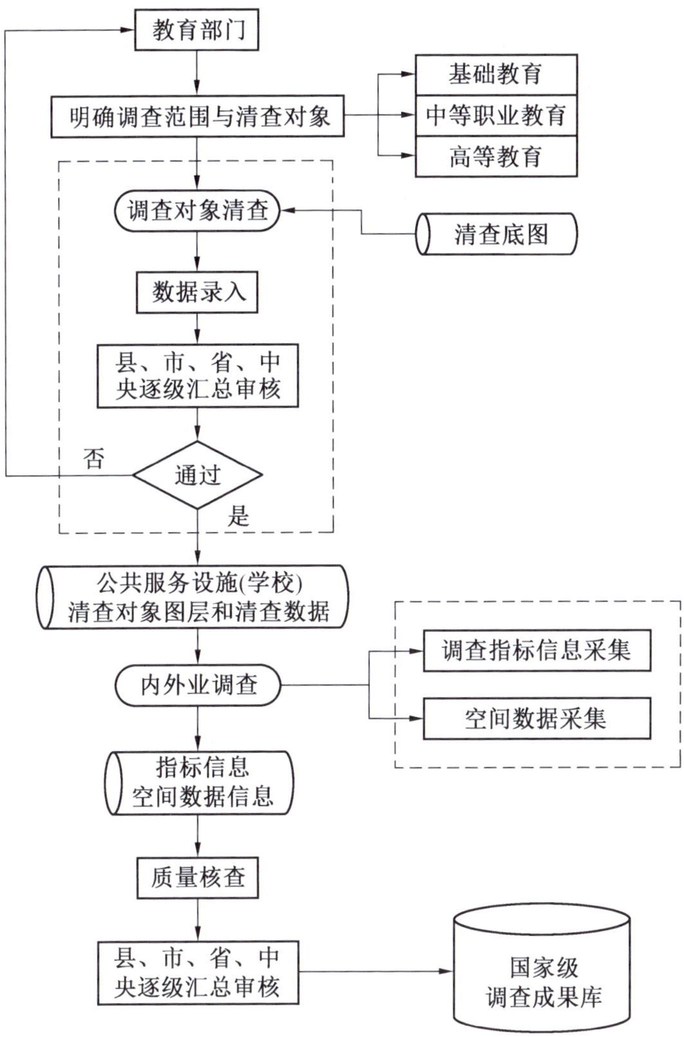

图3－1 学校调查实施流程技术路线图

学校指标体系见表3－4。

表3－4　公共服务设施（学校）调查表

__省(自治区、直辖市)__地(市、州、盟)__县(区、市、旗)

行政区划代码：□□__□□__□□

统一社会信用代码(18位)：□□□□□□□□□□□□□□□□□□

尚未领取统一社会信用代码的填原组织机构代码□□□□□□□□－□

填报单位（盖章）：

指　标　名　称	计量单位	代　码	数　量
一、基本概况	—	—	
学校（机构）名称	（文字说明）	01	
学校（机构）详细地址	（文字说明）	02	
学校（机构）标识码	（文字说明）	03	
学校（机构）办学类型（大类）	（单选）	04	
学校（机构）办学类型（中类）	（单选）	05	
学校（机构）举办者	（单选）	06	
占地面积	m^2	07	
校舍建筑面积	m^2	08	
万元以上设备台数	台/套	09	
是否含文物保护单位或历史建筑	（是/否）	10	
二、人员情况	—	—	
教职工数	人	11	
在校生数	人	12	
其中：寄宿生人数	人	13	
外国籍学生人数	人	14	
附设教学班学生人数	人	15	
三、功能与服务情况	—	—	
教室数	间	16	
教室用房建筑面积	m^2	17	
体育馆建筑面积	m^2	18	
学生宿舍（公寓）建筑面积	m^2	19	
室外运动场地面积	m^2	20	

表 3－4（续）

指 标 名 称	计量单位	代 码	数 量
四、应急保障能力	—	—	
是否有校医院/卫生室/医务室	（是/否）	21	
专职校医人数	人	22	
安全保卫人员数量	人	23	
应急供电能力	（单选）	24	
供水方式	（单选）	25	
供暖方式	（单选）	26	
应急通信保障方式	（多选）	27	
曾经遭受过的自然灾害类型	（多选）	28	
已有自然灾害应急预案类型	（多选）	29	

单位负责人：　统计负责人：　填表人：　联系电话：　报出日期：20　年　月　日

（三）指标解释

学校的调查指标与释义见表 3－5。

表 3－5　公共服务设施（学校）调查指标与释义

指 标 名 称	指 标 释 义
一、基本概况	—
学校（机构）名称	在教育行政部门备案的学校（机构）全称
学校（机构）详细地址	应填写所在地详细地址信息，包括所在乡镇村或街道（路）等，尽量精确到门牌号。如无具体门牌号，可按“什么街什么路交叉口，往什么方向行多少米”填写
学校（机构）标识码	由教育部按照国家标准及编码规则编制，赋予每一个学校（机构）在全国范围内唯一的、始终不变的识别标识码。具体按照教育部编制的 10 位或 15 位学校（机构）标识码填报

表3－5（续）

指标名称	指标释义
学校（机构）办学类型（大类）	单选：①基础教育；②中等职业教育；③高等教育
学校（机构）办学类型（中类）	学校（机构）办学类型（大类）中某选项的次一级教育机构类型
其中：基础教育包括（单选）	①幼儿园；②小学；③初级中学；④职业初中；⑤九年一贯制学校；⑥高级中学；⑦完全中学；⑧十二年一贯制学校；⑨特殊教育学校；⑩工读学校
中等职业教育（单选）	①普通中专；②成人中专；③职业高中；④技工学校；⑤其他中职机构
高等教育（单选）	①普通高等学校；②成人高等学校；③民办其他高等教育机构
普通高等学校	通过国家普通高等教育招生考试，招收高中毕业生为主要培养对象，实施高等学历教育的全日制大学、独立设置的学院、独立学院和高等专科学校、高等职业学校及其他普通高教机构。具体包括大学、学院、独立学院、高等专科学校、高等职业学校、分校、大专班；不包括培养研究生的科研机构
成人高等学校	通过国家成人高等教育招生考试，招收具有高中毕业或同等学力的人员为主要培养对象，利用函授、业余、脱产等多种形式，对其实施高等学历教育的学校。包括：职工高等学校、农民高等学校、管理干部学院、教育学院、独立函授学院、广播电视大学、其他成人高教机构
民办的其他高等教育机构	经省、自治区、直辖市教育行政部门审批并颁发办学许可证，不具有颁发普通本、专科和成人本、专科学历文凭资格的实施高等教育的单位

表 3-5（续）

指 标 名 称	指 标 释 义
学校（机构）举办者（单选）	学校（机构）的上级主管部门或为设置学校（机构）提供必要经费和基本办学条件者。包括：①教育部门；②其他部门；③地方企业；④民办
其中：教育部门	利用国家财政性教育经费举办各级各类学校（机构）的各级教育行政部门
其他部门	利用国家财政性经费和国有资产举办学校（机构）的教育行政部门以外的各级党政机关、事业单位、国家级金融机构、经济实体等，如财政、卫生、农业、国家电网等单位或公司
地方企业	利用企业拨款（企业对学校的拨款属于国家财政性教育经费）和国有资产举办学校（机构）的地方国有企业，如钢铁、石油等企业
民办	利用非国家财政性经费举办学校（机构）的社会组织或个人
占地面积	学校实际占用的土地面积，包括通过租赁或临时搭建棚舍等实际开展相关主营业务占用的土地面积
校舍建筑面积	学校拥有的产权和非产权已交付使用的校舍建筑面积，包括租借用校舍、临时搭建棚舍的建筑面积，但不包括尚未竣工的在建工程或已竣工未交付使用校舍
万元以上设备台（套）数	年末教学、科研、实验等在内的全部万元以上设备的台/套数

表 3－5（续）

指标名称	指标释义
是否含文物保护单位或历史建筑	即判断是否包含文物保护单位或历史建筑。文物保护单位是指由各级人民政府公布的全国重点文物保护单位、省级文物保护单位和市县级文物保护单位，包括具有历史、艺术、科学价值的古文化遗址、古墓葬、古建筑、石窟寺和石刻、近现代重要史迹及代表性建筑等。此外，还包括尚未核定公布为文物保护单位的不可移动文物，由县级人民政府文物行政部门予以登记并公布。可与县级文物行政部门进行核实。历史建筑，是指经城市、县人民政府确定公布的具有一定保护价值，能够反映历史风貌和地方特色，未公布为文物保护单位，也未登记为不可移动文物的建筑物、构筑物，可与县级建设部门或规划部门进行核实
二、人员情况	—
教职工数	在各级各类学校（机构）全职工作，并由各级各类学校（机构）支付工资的编制或聘任制在职人员数
在校生数	具有学籍并在本学年初进行学籍注册的学生数
寄宿生人数	在学校统一管理的学生宿舍（公寓）里住宿的学生人数，也称住宿生人数
外国籍学生人数	持外国护照在我国高等学校注册并接受学历教育或非学历教育的外国公民，也称外国留学生
附设教学班人数	受当地条件、资源所限，学校经教育行政部门批准，利用现有学校资源（教职工、办学条件等），举办的其他层次（形式）教学班，该类附设教学班中具有学籍并在本学年初进行学籍注册的附设班学生数。具体由举办附设教学班的学校（机构）确认数量后填报

表 3－5（续）

指标名称	指标释义
三、功能与服务情况	—
教室数	包括各种普通教室、专业教室（实验教室、音乐教室、美术教室等）和公共教室（阶梯教室、合班教室、视听教室、微机教室等）的数量
教室用房建筑面积	学校拥有的产权和非产权已交付使用的教室用房建筑面积，含租赁或临时搭建棚舍的面积
体育馆建筑面积	学校拥有的产权和非产权已交付使用的体育馆建筑面积
学生宿舍（公寓）建筑面积	学校拥有的产权和非产权已交付用于学生住宿的校舍建筑面积
室外运动场地面积	学校专门用于室外体育运动并有相应设施所占用的土地面积
四、应急保障能力	—
是否有校医院/卫生室/医务室	选项包含：是或否
专职校医	在学校教育机构全职从事医护、保健相关工作的专业人员，包括执业医师、执业助理医师、护士、药师（士）等专业卫生技术人员
安全保卫人员数量	包括从事安全保卫工作的校内职工、临时工、外聘保安公司等人员
应急供电能力（单选）	用于应对意外断电事故，储备的可用大型应急发电机组等备用电源系统，可满足本机构部分或全部用电需求。这里主要指的是应急备用发电的综合能力，即若有多台发电机组，则需将所有机组功率求和后再进行选择。具体类型包括：①1～19 kW；②20～50 kW；③51～200 kW；④201～400 kW；⑤401 kW 以上；⑥无（或低于 1 kW）

表3－5（续）

指标名称	指标释义
供水方式	主要供水方式，可选：①网管供水；②自备水源；③无水源
其中：网管供水	即通常说的自来水，指市政供水部门通过管网将水输送至该地
自备水源	利用该地内的水窖、手压井、引泉水、大口井和机井等提供本单位或机构日常所需的饮用水
供暖方式（单选）	①集中供暖；②自备锅炉采暖；③蜂窝煤炉采暖；④煤改气供暖；⑤无供暖设施；⑥其他
应急通信保障方式（多选）	①对讲机；②应急卫星电话；③专用通信线路；④公共通信线路（固定或移动电话）；⑤其他（请文字说明）；⑥无
曾经遭受过的自然灾害类型（多选）	近十年曾因自然灾害造成人员伤亡、房屋建筑和室内财产受损的自然灾害类型。具体灾种包括：①地质灾害（滑坡、泥石流、崩塌）；②地震；③洪涝；④台风；⑤风雹（雷电、大风、龙卷风、冰雹）；⑥森林草原火灾；⑦风暴潮、海啸；⑧其他灾害类型（请文字说明）；⑨无灾害记录
已有自然灾害应急预案类型（多选）	①地质灾害（滑坡、泥石流、崩塌）应急预案；②地震灾害应急预案；③洪涝灾害应急预案；④台风灾害应急预案；⑤风雹（雷电、大风、龙卷风、冰雹）灾害应急预案；⑥森林草原火灾应急预案；⑦风暴潮、海啸应急预案；⑧其他类型自然灾害应急预案（请文字说明）；⑨无任何自然灾害应急预案

（四）逻辑关系

指标间逻辑关系主要针对部分指标填报时，后台进行自动核查的辅助作用。

表3－4应符合下列逻辑关系：

（1）在校生数≥寄宿生人数。

（2）在校生数≥外国籍学生人数。

（3）在校生数≥附设教学班学生人数。

（4）占地面积≥室外运动场地面积。

第二节 医疗卫生机构

一、基本流程

医疗卫生机构调查的基本流程包括明确调查范围与清查对象、清查成果汇总录入、内外业调查、质量审核上报等环节。

（一）明确调查范围与清查对象

1. 填报范围

包括医院、基层医疗机构、专业公共卫生机构，调查对象类型见表3－6。

（1）医院：包括综合医院、中医医院、中西医结合医院、民族医院、专科医院、护理院，含医学院校附属医院。

（2）基层医疗卫生机构：包括社区卫生服务中心（站）、乡镇（街道）卫生院，不包括村卫生室、门诊部、诊所（医务室）。

（3）专业公共卫生机构：包括疾病预防控制中心、专科疾病防治机构、妇幼保健机构（含妇幼保健计划生育服务中心）、急救中心（站）、采供血机构；不包括卫生监督机构、健康教育机构、取得医疗机构执业许可证或计划生育技术服务许可证的计划生育技术服务机构；也不包括疗养院、临床检验中心、医学科研机构、医学在职教育机构、卫生监督（监测、检测）机构、医学考试中心、农村改水中心、人才交流中心、统计信息中心等卫生事业单位。

表3-6　基于中华人民共和国卫生行业标准《卫生机构（组织）分类与代码》（WS 218—2002）分类的调查对象类型对照表

<table>
<tr><th colspan="3">代　码</th><th rowspan="2">类　别　名　称</th><th rowspan="2">说　　明</th><th rowspan="2">调查与否</th></tr>
<tr><th>大类</th><th>中类</th><th>小类</th></tr>
<tr><td rowspan="26">A</td><td colspan="3">医院</td><td></td><td>调查</td></tr>
<tr><td>a1</td><td>a100</td><td>综合医院</td><td></td><td>调查</td></tr>
<tr><td rowspan="8">a2</td><td colspan="2">中医医院</td><td></td><td>调查</td></tr>
<tr><td>a210</td><td>中医（综合）医院</td><td></td><td>调查</td></tr>
<tr><td>a220</td><td>中医专科医院</td><td></td><td>调查</td></tr>
<tr><td>a221</td><td>肛肠医院</td><td></td><td>调查</td></tr>
<tr><td>a222</td><td>骨伤医院</td><td>包括正骨医院</td><td>调查</td></tr>
<tr><td>a223</td><td>针灸医院</td><td></td><td>调查</td></tr>
<tr><td>a224</td><td>按摩医院</td><td></td><td>调查</td></tr>
<tr><td>a229</td><td>其他中医专科医院</td><td></td><td>调查</td></tr>
<tr><td>a3</td><td>a300</td><td>中西医结合医院</td><td></td><td>调查</td></tr>
<tr><td rowspan="7">a4</td><td colspan="2">民族医院</td><td></td><td>调查</td></tr>
<tr><td>a411</td><td>蒙医院</td><td></td><td>调查</td></tr>
<tr><td>a412</td><td>藏医院</td><td></td><td>调查</td></tr>
<tr><td>a413</td><td>维医院</td><td></td><td>调查</td></tr>
<tr><td>a414</td><td>傣医院</td><td></td><td>调查</td></tr>
<tr><td>a419</td><td>其他民族医院</td><td></td><td>调查</td></tr>
<tr><td rowspan="7">a5</td><td colspan="2">专科医院</td><td>不含中医专科医院</td><td>调查</td></tr>
<tr><td>a511</td><td>口腔医院</td><td>包括牙科医院</td><td>调查</td></tr>
<tr><td>a512</td><td>眼科医院</td><td></td><td>调查</td></tr>
<tr><td>a513</td><td>耳鼻喉科医院</td><td>包括五官科医院</td><td>调查</td></tr>
<tr><td>a514</td><td>肿瘤医院</td><td></td><td>调查</td></tr>
<tr><td>a515</td><td>心血管病医院</td><td></td><td>调查</td></tr>
</table>

表 3-6（续）

<table>
<tr><th colspan="3">代码</th><th rowspan="2">类别名称</th><th rowspan="2">说明</th><th rowspan="2">调查与否</th></tr>
<tr><th>大类</th><th>中类</th><th>小类</th></tr>
<tr><td rowspan="20">A</td><td rowspan="16">a5</td><td>a516</td><td>胸科医院</td><td></td><td>调查</td></tr>
<tr><td>a517</td><td>血液病医院</td><td></td><td>调查</td></tr>
<tr><td>a518</td><td>妇产（科）医院</td><td>包括妇婴(儿)医院</td><td>调查</td></tr>
<tr><td>a519</td><td>儿童医院</td><td></td><td>调查</td></tr>
<tr><td>a520</td><td>精神病医院</td><td>包括20张床位以上的精神卫生中心(h212)</td><td>调查</td></tr>
<tr><td>a521</td><td>传染病医院</td><td></td><td>调查</td></tr>
<tr><td>a522</td><td>皮肤病医院</td><td>包括性病医院</td><td>调查</td></tr>
<tr><td>a523</td><td>结核病医院</td><td></td><td>调查</td></tr>
<tr><td>a524</td><td>麻风病医院</td><td></td><td>调查</td></tr>
<tr><td>a525</td><td>职业病医院</td><td></td><td>调查</td></tr>
<tr><td>a526</td><td>骨科医院</td><td></td><td>调查</td></tr>
<tr><td>a527</td><td>康复医院</td><td></td><td>调查</td></tr>
<tr><td>a528</td><td>整形外科医院</td><td>包括整容医院</td><td>调查</td></tr>
<tr><td>a529</td><td>美容医院</td><td></td><td>调查</td></tr>
<tr><td>a539</td><td>其他专科医院</td><td></td><td>调查</td></tr>
<tr><td>a6</td><td>a600</td><td>疗养院</td><td>不包括休养所</td><td>不调查</td></tr>
<tr><td rowspan="3">a7</td><td colspan="2">护理院（站）</td><td></td><td>调查</td></tr>
<tr><td>a710</td><td>护理院</td><td></td><td>调查</td></tr>
<tr><td>a720</td><td>护理站</td><td></td><td>调查</td></tr>
<tr><td rowspan="3">B</td><td colspan="3">社区卫生服务中心（站）</td><td></td><td>调查</td></tr>
<tr><td>b1</td><td>b100</td><td>社区卫生服务中心</td><td></td><td>调查</td></tr>
<tr><td>b2</td><td>b200</td><td>社区卫生服务站</td><td></td><td>调查</td></tr>
</table>

表 3－6（续）

代码			类别名称	说明	调查与否
大类	中类	小类			
C			卫生院		调查
	c1	c100	街道卫生院		调查
	c2		乡镇卫生院		调查
		c210	中心卫生院		调查
		c220	乡卫生院		调查
D			门诊部、诊所、医务室、村卫生室	包括卫生所（室）	不调查
	d1		门诊部		
		d110	综合门诊部		不调查
		d120	中医门诊部		不调查
		d121	中医（综合）门诊部		不调查
		d122	中医专科门诊部		不调查
		d140	民族医门诊部		不调查
		d150	专科门诊部	不含中医专科门诊部	不调查
		d151	普通专科门诊部		不调查
		d152	口腔门诊部		不调查
		d153	眼科门诊部		不调查
		d154	医疗美容门诊部		不调查
		d155	精神卫生门诊部		不调查
		d159	其他专科门诊部		不调查
	d2		诊所		不调查
		d211	普通诊所		不调查
		d212	中医诊所		不调查
		d213	中西医结合诊所		不调查
		d214	民族医诊所		不调查
		d215	口腔诊所		不调查
		d216	医疗美容诊所		不调查

表 3-6（续）

<table>
<tr><th colspan="3">代码</th><th rowspan="2">类别名称</th><th rowspan="2">说明</th><th rowspan="2">调查与否</th></tr>
<tr><th>大类</th><th>中类</th><th>小类</th></tr>
<tr><td rowspan="7">D</td><td rowspan="2">d2</td><td>d217</td><td>精神卫生诊所</td><td></td><td>不调查</td></tr>
<tr><td>d229</td><td>其他诊所</td><td></td><td>不调查</td></tr>
<tr><td>d3</td><td>d300</td><td>卫生所（室）</td><td></td><td>不调查</td></tr>
<tr><td>d4</td><td>d400</td><td>医务室</td><td></td><td>不调查</td></tr>
<tr><td>d5</td><td>d500</td><td>中小学卫生保健所</td><td></td><td>不调查</td></tr>
<tr><td>d6</td><td>d600</td><td>村卫生室</td><td></td><td>不调查</td></tr>
<tr><td rowspan="4">E</td><td colspan="3">急救中心（站）</td><td></td><td>调查</td></tr>
<tr><td>e1</td><td>e100</td><td>急救中心</td><td></td><td>调查</td></tr>
<tr><td>e2</td><td>e200</td><td>急救中心站</td><td></td><td>调查</td></tr>
<tr><td>e3</td><td>e300</td><td>急救站</td><td></td><td>调查</td></tr>
<tr><td rowspan="6">F</td><td colspan="3">采供血机构</td><td></td><td>调查</td></tr>
<tr><td rowspan="4">f1</td><td colspan="2">血站</td><td></td><td>调查</td></tr>
<tr><td>f110</td><td>血液中心</td><td></td><td>调查</td></tr>
<tr><td>f120</td><td>中心血站</td><td></td><td>调查</td></tr>
<tr><td>f130</td><td>基层血站、中心血库</td><td></td><td>调查</td></tr>
<tr><td>f2</td><td>f200</td><td>单采血浆站</td><td></td><td>调查</td></tr>
<tr><td rowspan="5">G</td><td colspan="3">妇幼保健院（所、站）</td><td>包括妇幼保健中心</td><td>调查</td></tr>
<tr><td>g1</td><td>g100</td><td>妇幼保健院</td><td></td><td>调查</td></tr>
<tr><td>g2</td><td>g200</td><td>妇幼保健所</td><td>包括妇女、儿童保健所</td><td>调查</td></tr>
<tr><td>g3</td><td>g300</td><td>妇幼保健站</td><td>包括妇幼保健中心</td><td>调查</td></tr>
<tr><td>g4</td><td>g400</td><td>生殖保健中心</td><td></td><td>调查</td></tr>
<tr><td rowspan="4">H</td><td colspan="3">专科疾病防治院（所、站）</td><td></td><td>调查</td></tr>
<tr><td rowspan="3">h1</td><td colspan="2">专科疾病防治院</td><td></td><td>调查</td></tr>
<tr><td>h111</td><td>传染病防治院</td><td></td><td>调查</td></tr>
<tr><td>h112</td><td>结核病防治院</td><td></td><td>调查</td></tr>
</table>

表 3－6（续）

<table>
<tr><th colspan="3">代码</th><th rowspan="2">类别名称</th><th rowspan="2">说明</th><th rowspan="2">调查与否</th></tr>
<tr><th>大类</th><th>中类</th><th>小类</th></tr>
<tr><td rowspan="15">H</td><td rowspan="2">h1</td><td>h113</td><td>职业病防治院</td><td></td><td>调查</td></tr>
<tr><td>h119</td><td>其他专科疾病防治院</td><td></td><td>调查</td></tr>
<tr><td rowspan="13">h2</td><td colspan="2">专科疾病防治所（站、中心）</td><td></td><td>调查</td></tr>
<tr><td>h211</td><td>口腔病防治所（站、中心）</td><td>包括牙病防治所（站）</td><td>调查</td></tr>
<tr><td>h212</td><td>精神病防治所（站、中心）</td><td></td><td>调查</td></tr>
<tr><td>h213</td><td>皮肤病防治所（站、中心）</td><td>包括性病防治所（站）</td><td>调查</td></tr>
<tr><td>h214</td><td>结核病防治所（站、中心）</td><td></td><td>调查</td></tr>
<tr><td>h215</td><td>麻风病防治所（站、中心）</td><td></td><td>调查</td></tr>
<tr><td>h216</td><td>职业病防治所（站、中心）</td><td></td><td>调查</td></tr>
<tr><td>h217</td><td>寄生虫病防治所（站、中心）</td><td></td><td>调查</td></tr>
<tr><td>h218</td><td>地方病防治所（站、中心）</td><td></td><td>调查</td></tr>
<tr><td>h219</td><td>血吸虫病防治所（站、中心）</td><td></td><td>调查</td></tr>
<tr><td>h220</td><td>药物戒毒所（中心）</td><td></td><td>调查</td></tr>
<tr><td>h229</td><td>其他专科疾病防治所（站、中心）</td><td></td><td>调查</td></tr>
<tr><td rowspan="5">J</td><td colspan="3">疾病预防控制中心</td><td></td><td>调查</td></tr>
<tr><td>j1</td><td>j100</td><td>疾病预防控制中心</td><td></td><td>调查</td></tr>
<tr><td>j2</td><td>j200</td><td>卫生防疫站</td><td></td><td>调查</td></tr>
<tr><td>j3</td><td>j300</td><td>卫生防病中心</td><td></td><td>调查</td></tr>
<tr><td>j4</td><td>j400</td><td>预防保健中心</td><td></td><td>调查</td></tr>
<tr><td>K</td><td>k1</td><td>k100</td><td>卫生监督所（局）</td><td></td><td>不调查</td></tr>
<tr><td rowspan="3">L</td><td colspan="3">卫生监督检验（监测、检测）所（站）</td><td></td><td>不调查</td></tr>
<tr><td>l1</td><td>l100</td><td>卫生（综合）监督检验（监测、检测）所（站）</td><td></td><td>不调查</td></tr>
<tr><td>l2</td><td>l200</td><td>环境卫生监督检验（监测、检测）所（站）</td><td></td><td>不调查</td></tr>
</table>

表 3－6（续）

代码			类别名称	说明	调查与否
大类	中类	小类			
L	l3	l300	放射卫生监督检验（监测、检测）所（站）		不调查
	l4	l400	劳动（职业、工业）卫生监督检验（监测、检测）所（站）		不调查
	l5	l500	食品卫生监督检验（监测、检测）所（站）		不调查
	l6	l600	学校卫生监督检验（监测、检测）所（站）		不调查
	l9	l900	其他卫生监督检验（监测、检测）所（站）		不调查
M			医学科学研究机构		不调查
	m1	m100	医学科学（研究）院（所）		不调查
	m2	m200	预防医学研究院（所）		不调查
	m3	m300	中医（药）研究院（所）		不调查
	m4	m400	中西医结合研究所		不调查
	m5	m500	民族医（药）学研究院		不调查
	m6		医学专科研究所		不调查
		m611	基础医学研究所		不调查
		m612	病毒学研究所		不调查
		m613	老年医学研究所		不调查
		m614	肿瘤（防治）研究所		不调查
		m615	心血管病研究所		不调查
		m616	血液学研究所		不调查
		m617	整形外科研究所		不调查
		m618	精神卫生研究所		不调查
		m619	放射医学研究所		不调查

表3-6（续）

<table>
<tr><th colspan="3">代码</th><th rowspan="2">类别名称</th><th rowspan="2">说明</th><th rowspan="2">调查与否</th></tr>
<tr><th>大类</th><th>中类</th><th>小类</th></tr>
<tr><td rowspan="17">M</td><td rowspan="16">m6</td><td>m620</td><td>医学生物学研究所</td><td></td><td>不调查</td></tr>
<tr><td>m621</td><td>生物医学工程研究所</td><td></td><td>不调查</td></tr>
<tr><td>m622</td><td>实验动物研究所</td><td></td><td>不调查</td></tr>
<tr><td>m623</td><td>结核病防治研究所</td><td></td><td>不调查</td></tr>
<tr><td>m624</td><td>皮肤病与性病防治研究所</td><td></td><td>不调查</td></tr>
<tr><td>m625</td><td>寄生虫病防治研究所</td><td></td><td>不调查</td></tr>
<tr><td>m626</td><td>地方病防治研究所</td><td></td><td>不调查</td></tr>
<tr><td>m627</td><td>血吸虫病防治研究所</td><td></td><td>不调查</td></tr>
<tr><td>m628</td><td>流行病学研究所</td><td></td><td>不调查</td></tr>
<tr><td>m629</td><td>医学微生物学研究所</td><td></td><td>不调查</td></tr>
<tr><td>m630</td><td>环境卫生研究所</td><td></td><td>不调查</td></tr>
<tr><td>m631</td><td>劳动卫生（职业病）研究所</td><td></td><td>不调查</td></tr>
<tr><td>m632</td><td>营养与食品卫生研究所</td><td></td><td>不调查</td></tr>
<tr><td>m633</td><td>少儿卫生研究所</td><td></td><td>不调查</td></tr>
<tr><td>m634</td><td>医学信息研究所</td><td></td><td>不调查</td></tr>
<tr><td>m649</td><td>其他医学专科研究所</td><td></td><td>不调查</td></tr>
<tr><td>m7</td><td>m700</td><td>药学研究所</td><td>包括药用植物研究所</td><td>不调查</td></tr>
<tr><td rowspan="7">N</td><td colspan="3">医学教育机构</td><td></td><td>不调查</td></tr>
<tr><td rowspan="6">n1</td><td colspan="2">医学普通高中等学校</td><td></td><td>不调查</td></tr>
<tr><td>n110</td><td>医学普通高等学校</td><td></td><td>不调查</td></tr>
<tr><td>n111</td><td>医学院</td><td>包括医科大学，不包括综合大学的医学院（部）</td><td>不调查</td></tr>
<tr><td>n112</td><td>中医（药）学院</td><td>包括中医药大学</td><td>不调查</td></tr>
<tr><td>n113</td><td>民族医（药）学院</td><td></td><td>不调查</td></tr>
<tr><td>n119</td><td>其他医学普通高等学校</td><td></td><td>不调查</td></tr>
</table>

表 3-6（续）

<table>
<tr><th colspan="3">代 码</th><th rowspan="2">类 别 名 称</th><th rowspan="2">说 明</th><th rowspan="2">调查与否</th></tr>
<tr><th>大类</th><th>中类</th><th>小类</th></tr>
<tr><td rowspan="17">N</td><td rowspan="6">n1</td><td>n120</td><td>医学普通中等专业学校</td><td></td><td>不调查</td></tr>
<tr><td>n121</td><td>卫生学校</td><td></td><td>不调查</td></tr>
<tr><td>n122</td><td>中医（药）学校</td><td></td><td>不调查</td></tr>
<tr><td>n123</td><td>民族医（药）学校</td><td></td><td>不调查</td></tr>
<tr><td>n124</td><td>护士学校</td><td></td><td>不调查</td></tr>
<tr><td>n129</td><td>其他医学普通中等专业学校</td><td></td><td>不调查</td></tr>
<tr><td rowspan="11">n2</td><td colspan="2">医学成人学校</td><td></td><td>不调查</td></tr>
<tr><td>n210</td><td>医学成人高等学校</td><td></td><td>不调查</td></tr>
<tr><td>n211</td><td>职工医学院</td><td></td><td>不调查</td></tr>
<tr><td>n212</td><td>卫生管理干部学院</td><td></td><td>不调查</td></tr>
<tr><td>n219</td><td>其他医学成人高等学校</td><td></td><td>不调查</td></tr>
<tr><td>n220</td><td>医学成人中等学校</td><td></td><td>不调查</td></tr>
<tr><td>n221</td><td>卫生职业（工）中等专业学校</td><td></td><td>不调查</td></tr>
<tr><td>n222</td><td>中医（药）职业中等专业学校</td><td></td><td>不调查</td></tr>
<tr><td>n223</td><td>卫生进修学校</td><td></td><td>不调查</td></tr>
<tr><td>n229</td><td>其他医学成人中等学校</td><td></td><td>不调查</td></tr>
<tr><td>n300</td><td>医学在职培训机构</td><td>包括各类卫生技术人员、管理人员培训中心等</td><td>不调查</td></tr>
<tr><td rowspan="3">O</td><td colspan="3">健康教育所（站、中心）</td><td></td><td>不调查</td></tr>
<tr><td rowspan="2">o1</td><td>o100</td><td>健康教育所</td><td>包括健康教育研究院</td><td>不调查</td></tr>
<tr><td>o200</td><td>健康教育站（中心）</td><td>包括卫生宣教馆</td><td>不调查</td></tr>
<tr><td rowspan="4">P</td><td colspan="3">其他卫生机构</td><td></td><td>不调查</td></tr>
<tr><td rowspan="3">p1</td><td colspan="2">临床检验中心（所、站）</td><td></td><td>不调查</td></tr>
<tr><td>p110</td><td>临床检验中心</td><td></td><td>不调查</td></tr>
<tr><td>p120</td><td>临床检验中心所（站）</td><td></td><td>不调查</td></tr>
</table>

表3-6（续）

代码			类别名称	说明	调查与否
大类	中类	小类			
P	p2		卫生新闻出版社		不调查
		p210	卫生图书出版社		不调查
		p220	卫生报纸出版社		不调查
		p230	卫生杂志社		不调查
		p290	其他卫生新闻出版社	指卫生音像出版社等	不调查
	p9		其他卫生事业机构		不调查
		p911	精神病收容所		不调查
		p912	麻风村		不调查
		p913	卫生消毒站	包括杀灭站	不调查
		p914	乡防保组		不调查
		p915	农村改水中心		不调查
		p916	计划生育服务中心（站）		不调查
		p917	卫生机关服务中心		不调查
		p918	卫生统计信息中心	含卫生信息管理中心	不调查
		p919	医学考试中心		不调查
		p920	卫生人才交流中心		不调查
		p921	医学科技交流中心		不调查
		p939	其他		不调查
Q			卫生社会团体		不调查
	q1	q100	红十字会		不调查
	q2	q200	医学会	包括预防医学会、护理学会、医院管理学会等各类卫生专业学会	不调查
	q3	q300	卫生协会		不调查
		q311	输血协会		不调查

表 3-6（续）

代码			类别名称	说明	调查与否
大类	中类	小类			
Q	q3	q312	医师协会		不调查
		q339	其他卫生协会		不调查
	q9	q900	其他卫生社会团体		不调查

2. 填报主体

填报主体为医疗卫生机构。

3. 其他注意事项

分院等分支机构作为独立的调查对象，均需单独填报调查表。单位负责人，指调查对象主体的单位法定代表人或者法律、行政法规规定代表单位行使职权的主要负责人，主要把关调查表中所填报数据的真实性。统计负责人，指本调查表所涉及的行业主管部门中，对本调查表进行质量核查的质检人员；如涉及多个行业主管部门，则指县级应急管理部门中开展或对接此项调查任务的技术负责人。填表人，指本调查表的具体填报人。

4. 摸清调查对象工作量

结合统计年鉴、普查区域行业年报、相关部门专业管理系统等资料，摸清调查对象总数量，结合清查底图初步判断清查对象工作量。

（二）清查成果汇总录入

县级应急管理部门协调县级部门，开展清查数据的录入和审核汇总工作。

1. 数据录入

数据录入采用批量导入和逐项填报两种方式。将清查指标录入系统，系统根据输入的地址信息或者经纬度信息识别清查对象的空间点位，系统无法自动识别的位置信息，可以手动进行修正。清查阶段，空间点位信息采集清查对象的最大外边界范围内的任一点位均可。属于调查范围内的调查对象须形成清查成果表，属性字段见表 3-7。

表3－7　公共服务设施（医疗卫生机构）清查属性表

序号	指标名称	填　报　信　息
1	对象分类	公共服务设施（医疗卫生机构）
2	单位名称	必填项，单位名称必须采用法人登记名称。 例如：北京大学第三医院
3	单位地址	必填项，填写详细地址信息，包括所在省、市、县、乡镇、街，精确到门牌号。 例如：北京市海淀区花园北路49号
4	位置信息	必填项，采集点矢量空间数据，空间数据附带位置信息

2. 审核汇总

县级应急管理部门对填报的清查数据进行质量审核，数据审核通过，依托系统提交至上级应急管理部门审核；数据审核未通过，数据需返回上报部门进行修正后再提交。应急管理部对各省提交的数据进行质量检查和汇总，形成清查成果。清查成果包括全国清查对象图层（普查工作底图）和全国清查数据（普查对象目录）。清查成果表示例见表3－8。

表3－8　公共服务设施（医疗卫生机构）清查成果表（示例）

序号	对 象 分 类	单位名称	单位地址	位置信息	备注
1	公共服务设施（医疗卫生机构）	北京大学第三医院	北京市海淀区花园北路49号	经度、纬度（填报软件定位获取）	…
2	公共服务设施（医疗卫生机构）	…	…	…	…
…	公共服务设施（医疗卫生机构）	…	…	…	…

表3－8（续）

序号	对象分类	单位名称	单位地址	位置信息	备注
n	公共服务设施（医疗卫生机构）	…	…	…	…

（三）内外业调查

内外业调查是公共服务设施调查的主体工作，是基于调查工作底图和清查名录，补充完善各类调查对象空间数据和调查指标信息，形成最终调查成果的重要环节。调查对象的指标信息依据公共服务设施（医疗卫生机构）调查表采集；空间数据信息采集几何类型为面状空间数据。调查工作依托统一开发的全国自然灾害综合风险普查数据采集系统开展。基于不同对象空间属性信息的差异化原则，不同大类对象之间的空间范围是可重叠的。

1. 任务分工

内外业调查主要由县级应急管理部门协调各参与部门共同完成。县级应急管理部门负责本区县所有调查工作的组织协调、人员配置、业务培训、空间数据采集及审核汇集。各参与部门负责相应调查对象的调查指标信息采集。

2. 调查流程

（1）调查指标信息采集。

县级各相关行业部门依据调查表要求组织采集调查信息，在软件中采用批量导入或逐项填报两种方式录入调查指标信息。

（2）空间数据采集。

空间数据采集包括内业采集和外业采集。县级应急管理部门组织调查员，借助全国灾害综合风险调查软件，在内业优先完成空间数据的核查修改、补充标绘和疑问标记。空间数据核查修改是指对调查图层上已有的点状空间数据进行审核，利用软件修改错误数据。空间数据补充标绘是指针对在调查图层上只有点状空间数据，还需要采集面状空间数据的情况，利用软件补充标绘相应面状数据；如果调查图层上有应采未采的调查对象，应采用软件补充标绘相应的点状、面状空间数据。疑问标记是指对内业无法确认的空间数据，逐一进行标记，以待调查员外业调查。

外业空间数据采集是县级应急管理部门组织调查员开展外业调查工作，完成空间数据的现场查勘、查遗补漏和疑问标记。对调查对象进行现场查勘，尤其要对内业中有疑问标记的进行重点勘查，如果有错误，审核修正空间数据信息。查遗补漏是指对外业调查过程中发现存在应采未采的调查对象，利用软件补充采集标绘该对象的空间数据。疑问标记是指对外业调查过程中发现调查任务中有但实地无法找到的对象进行标记，报县级应急管理部门核实后予以注销。

（四）质量审核上报

按照“自下而上”的流程，省市县三级应急管理部门组织教育、卫健、民政、文旅、宣传、科技、体育、统战、商务、统计等各参与部门负责相应调查对象调查指标信息的质量核查，保证数据质量的真实性。县级还应组织乡镇（街道）、村（社区）参与质量审核工作。质检核查工作具体按照《应急管理系统调查成果质检核查办法》执行。县级应急管理部门负责所有调查数据成果的汇总和核查，按照“各参与部门—县级应急管理局—市级应急管理局—省级应急管理厅（局）—应急管理部”的流程，将调查数据成果逐级审核、上报、汇总，形成国家级调查成果库。

二、调查表说明

（一）内容框架

公共服务设施（医疗卫生机构）调查表从基本概况、人员情况、功能与服务情况、应急保障能力四个方面展开。

（二）指标体系

医疗卫生指标体系见表3－9。

表 3－9　公共服务设施（医疗卫生机构）调查表

__省(自治区、直辖市)__地(市、州、盟)__县（区、市、旗）

行政区划代码：□□_ □□_ □□

统一社会信用代码（18 位）：□□□□□□□□□□□□□□□□□□

尚未领取统一社会信用代码的填原组织机构代码□□□□□□□□－□

填报单位（盖章）：

指　标　名　称	计量单位	代码	数量
一、基本概况	—	—	
医疗卫生机构名称	（文字说明）	01	
医疗卫生机构详细地址	（文字说明）	02	
医疗卫生机构类别代码	（文字说明）	03	
医疗机构类型（大类）	（单选）	04	
医疗机构类型（中类）	（单选）	05	
医疗机构类型（专科医院分类）	（单选）	06	
医院等级	（双选）	07	
医疗机构性质	（单选）	08	
占地面积	m^2	09	
房屋建筑面积	m^2	10	
万元以上设备台数	台/套	11	
二、人员情况	—	—	
（一）在岗职工情况	—	—	
在岗职工人数	人	12	
卫生技术人员总数	人	13	
注册护士人数	人	14	
工勤技能人员数	人	15	
（二）诊疗人数情况	—	—	
年度总诊疗人次数	人次	16	

表3-9（续）

指　标　名　称	计量单位	代码	数量
年度入院人数	人	17	
年度出院人数	人	18	
三、功能与服务情况	—	—	
实有住院床位数	张	19	
其中：负压病房床位数	张	20	
重症加强护理病房(ICU)床位数	张	21	
院前急救专业人员数	人	22	
急救指挥车数量	辆	23	
运转型急救车数量	辆	24	
监护型急救车数量	辆	25	
负压急救车数量	辆	26	
采血车数	辆	27	
送血车数	辆	28	
四、应急保障能力	—	—	
安全保卫人员数量	人	29	
应急供电能力	（单选）	30	
供水方式	（单选）	31	
供暖方式	（单选）	32	
应急通信保障方式	（多选）	33	
曾经遭受过的自然灾害类型	（多选）	34	
已有自然灾害应急预案类型	（多选）	35	

单位负责人：　统计负责人：　填表人：　联系电话：　报出日期：20　年　月　日

（三）指标解释

医疗卫生机构调查指标与释义见表3-10。

表3－10　公共服务设施（医疗卫生机构）调查指标与释义

指标名称	指标释义
一、基本概况	—
医疗卫生机构名称	从卫生(卫生健康)行政部门取得医疗机构执业许可证、中医诊所备案证、计划生育技术服务许可证或从民政、工商行政、机构编制管理部门取得法人单位登记证书,为社会提供医疗服务、公共卫生服务等工作的单位名称
医疗卫生机构详细地址	应填写所在地详细地址信息，包括所在乡镇村或街道（路）等，尽量精确到门牌号。如无具体门牌号，可按“什么街什么路交叉口，往什么方向行多少米”填写
医疗卫生机构类别代码	卫生机构类别代码根据《卫生机构（组织）分类与代码》(WS 218—2002）标准中的小类编码（4位）填报
医疗机构类型（大类）	①医院；②基层医疗机构；③专业公共卫生机构
医疗机构类型（中类）	指医疗机构类型（大类）中某选项的次一级类型
其中：医院包括	①综合医院；②中医医院；③中西医结合医院；④民族医院；⑤专科医院；⑥护理院
基层医疗卫生机构包括	①社区卫生服务中心（站）；②乡镇（街道）卫生院
专业公共卫生机构包括	①疾病预防控制中心；②专科疾病防治机构；③妇幼保健机构（含妇幼保健计划生育服务中心）；④急救中心（站）；⑤采供血机构
医疗机构类型（专科医院分类）	①中医专科医院；②口腔医院；③眼科医院；④耳鼻喉科医院；⑤肿瘤医院；⑥心血管病医院；⑦胸科医院；⑧血液病医院；⑨妇产（科）医院（包括妇婴（儿）医院）；⑩儿童医院；⑪精神病医院；⑫传染病医院；⑬皮肤病医院；⑭性病医院；⑮结核病医院；⑯麻风病医院；⑰职业病医院；⑱骨科医院、⑲康复医院；⑳整形外科医院；㉑美容医院；㉒其他专科医院；㉓非专科医院
医院等级	由卫生健康主管部门评定（以证书为准），级别分为一、二、三级、未定级。以医院等级评审结果为依据，未通过医院等级评审的医院填写“未定级”

表 3－10（续）

指　标　名　称	指　标　释　义
其中：医院分级	①三级；②二级；③一级；④未定级
医院分等	①特等；②甲等；③乙等；④丙等；⑤未定等
医疗机构性质	①公立；②民营
其中：公立医院	包括登记注册类型为国有和集体的医院
民营医院	除登记注册类型为国有和集体以外的医院，包括私营、联股份合作（有限）、台港澳合资、中外合资等医院
占地面积	机构实际占用的土地面积，包括通过租赁或临时搭建棚舍等实际开展相关主营业务占用的土地面积
房屋建筑面积	单位实际占用的产权和非产权房屋建筑面积，包括租房面积及实际使用但无产权手续的房屋建筑面积
万元以上设备台数	包括医疗设备、后勤设备等在内的全部万元以上设备的台/套数
二、人员情况	—
在岗职工人数	在医疗卫生机构工作并由单位支付工资的人员。包括在编及合同制人员、返聘和临聘本单位半年以上人员（如护士、医师等），不包括离退休人员、退职人员、离开本单位仍保留劳动关系人员、返聘和临聘本单位不足半年人员
卫生技术人员总数	包括执业医师、执业助理医师、注册护士、药师（士）、检验及影像技师（士）、卫生监督员和见习医（药、护、技）师（士）等卫生专业人员。不包括从事管理工作的卫生技术人员（如院长、副院长、党委书记等）
注册护士人数	取得护士执业证书且实际从事临床工作的人数统计，不包括取得执业证书但从事管理工作的人员（如院长、书记等）

表 3－10（续）

指 标 名 称	指 标 释 义
工勤技能人员数	包括承担技能操作和维护、后勤保障、服务等职责的工作人员。工勤技能人员分为技术工和普通工。技术工包括护理员（工）、药剂员（工）、检验员、收费员、挂号员等，但不包括实验员、技术员、研究实习员、经济员、会计员和统计员等
年度总诊疗人次数	年度所有诊疗工作的总人次数，统计界定原则为： （1）按挂号数统计，包括门诊、急诊、出诊、预约诊疗、单项健康检查、健康咨询指导（不含健康讲座）人次。患者 1 次就诊多次挂号，按实际诊疗次数统计，不包括根据医嘱进行的各项检查、治疗、处置工作量以及免疫接种、健康管理服务人次数； （2）未挂号就诊、本单位职工就诊及外出诊（不含外出会诊）不收取挂号费的，按实际诊疗人次统计
年度入院人数	年度成功办理住院手续的病人总数
年度出院人数	年度所有住院后出院的人数。包括医嘱离院、医嘱转其他医疗机构、非医嘱离院、死亡及其他人数，不含家庭病床撤床人数。统计界定原则为：①“死亡”：包括已办住院手续后死亡、未办理住院手续而实际上已收容入院的死亡者；②“其他”：指正常分娩和未产出院、未治和住院经检查无病出院、无并发症的人工流产或绝育手术出院者
三、功能与服务情况	—
实有住院床位数	年末固定实有床位数，包括正规床、简易床、监护床、超过半年加床、正在消毒和修理床位、因扩建或大修而停用床位。不包括产科新生儿床、接产室待产床、库存床、观察床、临时加床和病人家属陪侍床
负压病房床位数	年末负压隔离病房中的监护床之和

表 3－10（续）

指　标　名　称	指　标　释　义
重症加强护理病房数(ICU)	又称加强监护病房综合治疗室，治疗、护理、康复均可同步进行，为重症或昏迷患者提供隔离场所和设备，提供最佳护理、综合治疗、医养结合，术后早期康复、关节护理运动治疗等服务。具体指年末重症加强护理病房（ICU）数
院前急救专业人员数	具备良好的职业素养、较强的急救意识，严格按照规章制度、操作流程与规范工作，遵守诊疗常规，熟练掌握现场急救各项技术，掌握仪器设备、器械的性能和使用方法，严防差错事故发生的急救卫生技术人员；或根据急救车辆设施等配备的专业医护人员总数填报
急救指挥车数量	年末急救指挥车数量
运转型急救车数量	年末运转型急救车数量
监护型急救车数量	年末监护型急救车数量
负压急救车数量	年末负压急救车数量
采血车数	年末采血车数
送血车数	年末送血车数
四、应急保障能力	—
安全保卫人员数量	包括从事安全保卫工作的职工、临时工、外聘保安公司等人员的年末人员数
应急供电能力（单选）	用于应对意外断电事故，储备的可用大型应急发电机组等备用电源系统，可满足本机构部分或全部用电需求。这里主要指的是应急备用发电的综合能力，即若有多台发电机组，则需将所有机组功率求和后再进行选择。具体类型包括：①1～19 kW；②20～50 kW；③51～200 kW；④201～400 kW；⑤401 kW 以上；⑥无（或低于 1 kW）
供水方式	主要供水方式，可选：①网管供水；②自备水源；③无水源

表 3－10（续）

指 标 名 称	指 标 释 义
其中：网管供水	即通常说的自来水，指市政供水部门通过管网将水输送至该地
自备水源	利用该地内的水窖、手压井、引泉水、大口井和机井等提供本单位或机构日常所需的饮用水
供暖方式（单选）	①集中供暖；②自备锅炉采暖；③蜂窝煤炉采暖；④煤改气供暖；⑤无供暖设施；⑥其他
应急通信保障方式（多选）	①对讲机；②应急卫星电话；③专用通信线路；④公共通信线路（固定或移动电话）；⑤其他（请文字说明）；⑥无
曾经遭受过的自然灾害类型（多选）	近十年曾因自然灾害造成人员伤亡、房屋建筑和室内财产受损的自然灾害类型。具体灾种包括：①地质灾害（滑坡、泥石流、崩塌）；②地震；③洪涝；④台风；⑤风雹（雷电、大风、龙卷风、冰雹）；⑥森林草原火灾；⑦风暴潮、海啸；⑧其他（请文字说明）；⑨无灾害记录
已有自然灾害应急预案类型（多选）	①地质灾害（滑坡、泥石流、崩塌）应急预案；②地震灾害应急预案；③洪涝灾害应急预案；④台风灾害应急预案；⑤风雹（雷电、大风、龙卷风、冰雹）灾害应急预案；⑥森林草原火灾应急预案；⑦风暴潮、海啸应急预案；⑧其他类型自然灾害应急预案（请文字说明）；⑨无任何自然灾害应急预案

（四）逻辑关系

指标间逻辑关系主要针对部分指标填报时，后台进行自动核查的辅助作用。

表 3－9 应符合下列逻辑关系：

（1）岗职工人数≥卫生人员总数＋工勤技能人员数。

（2）年度总诊疗人次数≥年度入院人数。

（3）实有住院床位数≥负压病房床位+重症加强护理病房（ICU）床位数。

第三节　提供住宿的社会服务机构

一、基本流程

提供住宿的社会服务机构调查的基本流程包括明确调查范围与清查对象、清查成果汇总录入、内外业调查、质量审核上报等环节。

（一）明确调查范围与清查对象

1. 填报范围

专指办理了注册登记手续地提供住宿的各类社会服务机构，包括养老服务机构、儿童福利和救助机构、精神疾病服务机构和其他提供住宿机构。不包含未在民政部门备案的营利性社会服务机构。

（1）养老服务机构：包括社会福利院、农村特困人员救助供养机构、养老院、农村互助幸福院、老年公寓等各类养老机构，不包含社区家庭互助式养老机构。

（2）儿童福利和救助机构：包括儿童福利机构、未成年人救助保护中心。

（3）精神疾病服务机构：指精神病人收养院、精神病托养中心、精神卫生中心等未达到医院级别的精神疾病服务机构；不包含精神病医院，精神病医院相关信息由医疗卫生机构填报。

（4）其他提供住宿机构：主要指生活无着人员救助管理站，不包含军供站等其他提供住宿的社会服务机构。

2. 填报主体

填报主体为提供住宿的社会服务机构。

3. 其他注意事项

单位负责人，指调查对象主体的单位法定代表人或者法律、行政法规规定代表单位行使职权的主要负责人，主要把关调查表中所填报数据的真实性。统计负责人，指本调查表所涉及的行业主管部门中，对本调查表进行质量核查的质检人员；如涉及多个行业主管部门，则指县级应急管理部门中开展或对接此项调查任务的技术负责人。填表人，指本调查表的具体填报人。

4. 摸清调查对象工作量

结合统计年鉴、普查区域行业年报、相关部门专业管理系统等资料，摸清调查对象总数量，结合清查底图初步判断清查对象工作量。

建议协调民政部门，基于民政事业统计管理系统台账进行对象的确定，详见表3－11。

表3－11 基于民政事业统计管理系统台账对比界定的调查对象类型对照表

<table>
<tr><th rowspan="2">一级类别</th><th rowspan="2">二级类别</th><th rowspan="2">三级类别</th><th rowspan="2">四级类别</th><th rowspan="2">五级类别</th><th rowspan="2">六级类别</th><th>报表标识</th><th>类别</th><th>表格名称</th></tr>
<tr><th colspan="3">填报表格</th></tr>
<tr><td rowspan="11">民政事业统计管理系统年报数据</td><td rowspan="11">年报统计数据</td><td rowspan="11">社会工作</td><td rowspan="11">提供住宿</td><td rowspan="11">收养类</td><td rowspan="4">城市养老服务机构</td><td>NBSG0101</td><td>提供（1）</td><td>市场监管部门登记养老公寓等各类养老机构</td></tr>
<tr><td>NBSG0102</td><td>提供（1）</td><td>编制部门登记养老公寓等各类养老机构</td></tr>
<tr><td>NBSG0103</td><td>提供（1）</td><td>民政部门登记养老公寓等各类养老机构</td></tr>
<tr><td>NBSG0104</td><td>提供（1）</td><td>一个机构多块牌子养老公寓等各类养老机构</td></tr>
<tr><td rowspan="4">农村养老服务机构</td><td>NBSG0105</td><td>提供（1）</td><td>市场监管部门登记特困人员供养机构</td></tr>
<tr><td>NBSG0106</td><td>提供（1）</td><td>编制部门登记特困人员供养机构</td></tr>
<tr><td>NBSG0107</td><td>提供（1）</td><td>民政部门登记特困人员供养机构</td></tr>
<tr><td>NBSG0108</td><td>提供（1）</td><td>一个机构多块牌子特困人员供养机构</td></tr>
<tr><td rowspan="3">社会福利院</td><td>NBSG0109</td><td>提供（1）</td><td>编制部门登记社会福利院</td></tr>
<tr><td>NBSG0110</td><td>提供（1）</td><td>民政部门登记社会福利院</td></tr>
<tr><td>NBSG0111</td><td>提供（1）</td><td>一个机构多块牌子社会福利院</td></tr>
</table>

表 3－11（续）

一级类别	二级类别	三级类别	四级类别	五级类别	六级类别	报表标识	类别	表格名称
						填报表格		
民政事业统计管理系统年报数据	年报统计数据	社会工作	提供住宿	收养类	社会福利医院	NBSG0118	提供（2）	编制部门登记社会福利医院；不包括 a520 精神病院及 20 床以上的 h212 精神病防治所（站、中心）
					儿童福利机构	NBSG0121	提供（3）	编制部门登记儿童福利院机构
						NBSG0122	提供（3）	民政部门登记儿童福利院机构
						NBSG0123	提供（3）	一个机构多块牌子儿童福利院机构
					其他收养性机构	NBSG0126	提供（4）	编制部门登记其他提供住宿的机构
						NBSG0127	提供（4）	民政部门登记其他提供住宿的机构
						NBSG0128	提供（4）	一个机构多块牌子其他提供住宿的机构
				救助类		NBSG0201	提供（4）	编制部门登记生活无着人员救助管理站
						NBSG0202	提供（4）	一个机构多块牌子生活无着人员救助管理站
						NBSG0203	提供（3）	编制部门登记未成年人救助保护中心
						NBSG0204	提供（3）	一个机构多块牌子未成年人救助保护中心

（二）清查成果汇总录入

县级应急管理部门协调县级部门，开展清查数据的录入和审核汇总工作。

1. 数据录入

数据录入采用批量导入和逐项填报两种方式。将清查指标录入系统，系统根据输入的地址信息或者经纬度信息识别清查对象的空间点位，系统无法自动识别的位置信息，可以手动进行修正。清查阶段，空间点位信息采集清查对象的最大外边界范围内的任一点位均可。属于调查范围内的调查对象须形成清查表成果表，属性字段见表3－12。

表3－12 提供住宿的社会服务机构清查属性表

序号	指标名称	填报信息
1	对象分类	公共服务设施（提供住宿的社会服务机构）
2	单位名称	必填项，单位名称必须采用法人登记名称。 例如：北京市寸草春晖望京养老院
3	单位地址	必填项，填写详细地址信息，包括所在省、市、县、乡镇、街，精确到门牌号。 例如：北京市朝阳区和平街10区甲16楼
4	位置信息	必填项，采集点矢量空间数据，空间数据附带位置信息

2. 审核汇总

县级应急管理部门对填报的清查数据进行质量审核，数据审核通过，依托系统提交至上级应急管理部门审核；数据审核未通过，数据需返回上报部门进行修正后再提交。应急管理部对各省提交的数据进行质量检查和汇总，形成清查成果。清查成果包括全国清查对象图层（普查工作底图）和全国清查数据（普查对象目录）。清查成果表示例见表3－13。

表3－13 公共服务设施（提供住宿的社会服务机构）清查成果表（示例）

序号	对象分类	单位名称	单位地址	位置信息	备注
1	公共服务设施（提供住宿的社会服务机构）	北京市寸草春晖望京养老院	北京市朝阳区和平街10区甲16楼	经度、纬度（填报软件定位获取）	…
2	公共服务设施（提供住宿的社会服务机构）	…	…	…	…

表 3－13（续）

序号	对象分类	单位名称	单位地址	位置信息	备注
…	公共服务设施（提供住宿的社会服务机构）	…	…	…	…
n	公共服务设施（提供住宿的社会服务机构）	…	…	…	…

（三）内外业调查

内外业调查是公共服务设施调查的主体工作，是基于调查工作底图和清查名录，补充完善各类调查对象空间数据和调查指标信息，形成最终调查成果的重要环节。调查对象的指标信息依据公共服务设施（提供住宿的社会服务机构）调查表采集；空间数据信息采集几何类型为面状空间数据。调查工作依托统一开发的全国自然灾害综合风险普查数据采集系统开展。基于不同对象空间属性信息的差异化原则，不同大类对象之间的空间范围是可重叠的。

1. 任务分工

内外业调查主要由县级应急管理部门协调各参与部门共同完成。县级应急管理部门负责本区县所有调查工作的组织协调、人员配置、业务培训、空间数据采集及审核汇集。各参与部门负责相应调查对象的调查指标信息采集。

2. 调查流程

（1）调查指标信息采集。

县级各相关行业部门依据调查表要求组织采集调查信息，在软件中采用批量导入或逐项填报两种方式录入调查指标信息。

（2）空间数据采集。

空间数据采集包括内业采集和外业采集。县级应急管理部门组织调查员，借助全国灾害综合风险调查软件，在内业优先完成空间数据的核查修改、补充标绘和疑问标记。空间数据核查修改是指对调查图层上已有的点状空间数据进行审核，利用软件修改错误数据。空间数据补充标绘是指在调查图层上只有点状空间数据，还需要采集线状、面状空间数据的情况，利用软件补充标绘相应面状数据；如果调查图层上有应采未采的调查对象，应采用软件补充标绘相应的点状、面状空间数据。疑问标记是指对内业无法确认的空间数据，逐一进行标记，以待调查员外业调查。

外业空间数据采集是县级应急管理部门组织调查员开展外业调查工作，完成空间数据的现场查勘、查遗补漏和疑问标记。对调查对象进行现场查勘，尤其要对内业中有疑问标记的进行重点勘查，如果有错误，审核修正空间数据信息。查遗补漏是指对外业调查过程中发现存在应采未采的调查对象，利用软件补充采集标绘该对象的空间数据。疑问标记是指对外业调查过程中发现调查任务中有但实地无法找到的对象进行标记，报县级应急管理部门核实后予以注销。

（四）质量审核上报

按照“自下而上”的流程，省市县三级应急管理部门组织教育、卫健、民政、文旅、宣传、科技、体育、统战、商务、统计等各参与部门负责相应调查对象调查指标信息的质量核查，保证数据质量的真实性。县级还应组织乡镇（街道）、村（社区）参与质量审核工作。质检核查工作具体按照《应急管理系统调查成果质检核查办法》执行。县级应急管理部门负责所有调查数据成果的汇总和核查，按照“各参与部门—县级应急管理局—市级应急管理局—省级应急管理厅（局）—应急管理部”的流程，将调查数据成果逐级审核、上报、汇总，形成国家级调查成果库。

二、调查表说明

（一）内容框架

公共服务设施（提供住宿的社会服务机构）调查表从基本概况、人员情况、功能与服务情况、应急保障能力四个方面展开。

（二）指标体系

提供住宿的社会服务机构指标体系见表 3－14。

表 3－14　公共服务设施（提供住宿的社会服务机构）调查表

__省（自治区、直辖市）__地（市、州、盟）__县（区、市、旗）

行政区划代码：□□__□□__□□

统一社会信用代码（18 位）：□□□□□□□□□□□□□□□□□□

尚未领取统一社会信用代码的填原组织机构代码□□□□□□□□－□

填报单位（盖章）：

指　标　名　称	计量单位	代　码	数　量
一、基本概况	—	—	
单位名称	（文字说明）	01	
单位详细地址	（文字说明）	02	
服务机构类型	（单选）	03	
注册登记类型	（单选）	04	
占地面积	m^2	05	
建筑面积	m^2	06	
二、人员情况	—	—	
（一）在岗职工情况	—	—	
年末职工人数	人	07	
专业技术技能人员数	人	08	
机构管理人员数	人	09	
（二）志愿服务人次数	人次	10	
三、功能与服务情况	—	—	
年末床位数	张	11	
年在院总人天数	人天	12	
年末在院人数	人	13	
康复和医疗门诊人数次	人	14	

表 3－14（续）

指　标　名　称	计量单位	代　码	数　量
四、应急保障能力	—	—	
安全保卫人员数量	人	15	
应急供电能力	（单选）	16	
供水方式	（单选）	17	
供暖方式	（单选）	18	
应急通信保障方式	（多选）	19	
曾经遭受过的自然灾害类型	（多选）	20	
已有自然灾害应急预案类型	（多选）	21	

单位负责人：　统计负责人：　填表人：　联系电话：　报出日期：20　年　月　日

（三）指标解释

提供住宿的社会服务机构调查指标与释义见表 3－15。

表 3－15　公共服务设施（提供住宿的社会服务机构）调查指标与释义

指　标　名　称	指　标　释　义
一、基本概况	—
单位名称	经过有关部门批准正式使用的单位名称。如有常用名，则以“名称＋（常用名）”填报
单位详细地址	应填写所在地详细地址信息，包括所在乡镇村或街道（路）等，尽量精确到门牌号。如无具体门牌号，可按“什么街什么路交叉口，往什么方向行多少米”填写
服务机构类型（单选）	①养老服务机构；②儿童福利和救助机构；③精神疾病服务机构；④其他提供住宿机构

表 3－15（续）

指标名称	指标释义
其中：养老服务机构	社会福利养老院、特困人员供养机构、养老院、老年公寓等各类养老机构，不包含社区家庭互助式养老
儿童福利和救助机构	儿童福利机构、未成年人救助保护中心
精神疾病服务机构	精神卫生中心等未达到医院级别的精神疾病服务机构，不含精神病院
其他提供住宿机构	主要指生活无着人员救助管理站，不包含军供站等其他提供住宿的社会服务机构
注册登记类型（单选）	①事业单位；②民办非企业；③其他类型
占地面积	机构实际占用的土地面积，包括通过租赁或临时搭建棚舍等实际开展相关主营业务占用的土地面积。不包括农场、林场的占地面积
建筑面积	单位实际占用的产权和非产权房屋建筑面积，包括租房面积及实际使用但无产权手续的房屋建筑面积
二、人员情况	—
年末职工人数	报告期末在救助站、安置农场工作以及在不设站的县级民政部门工作（事业编制，直接承担收容遣送任务），并由其支付工资的各种人员。包括固定职工、合同制职工、临时工和计划外用工，流浪乞讨人员参加劳动而得补贴的人员，不计入职工人数
专业技术技能人员数	包括承担技能操作和维护、后勤保障、服务等职责的工作人员
机构管理人员数	在组织中行使管理职能、指挥或协调他人完成具体任务的人
志愿服务人次数	年末志愿服务人次数
三、功能与服务情况	—
年末床位数	收养性单位报告期末床位的实际收养能力。对于炕、通铺，以正常可容纳人员数量折算床位数

表 3－15（续）

指标名称	指标释义
年在院总人天数	收养性单位报告期内，收养人员住院的总人天数
年末在院人数	年末在院接受服务的人口总数
康复和医疗门诊人次数	年度优抚休疗养院、福利院对外开放门诊的人次数
四、应急保障能力	—
安全保卫人员数量	从事安全保卫工作和安全管理工作的人员，包括聘用人员
应急供电能力（单选）	用于应对意外断电事故，储备的可用大型应急发电机组等备用电源系统，可满足本机构部分或全部用电需求。这里主要指的是应急备用发电的综合能力，即若有多台发电机组，则需将所有机组功率求和后再进行选择。具体类型包括：①1～19 kW；②20～50 kW；③51～200 kW；④201～400 kW；⑤401 kW 以上；⑥无（或低于 1 kW）
供水方式	主要供水方式，可选：①网管供水；②自备水源；③无水源
其中：网管供水	即通常说的自来水，指市政供水部门通过管网将水输送至该地
自备水源	利用该地内的水窖、手压井、引泉水、大口井和机井等提供本单位或机构日常所需的饮用水
供暖方式（单选）	①集中供暖；②自备锅炉采暖；③蜂窝煤炉采暖；④煤改气供暖；⑤无供暖设施；⑥其他
应急通信保障方式（多选）	①对讲机；②应急卫星电话；③专用通信线路；④公共通信线路（固定或移动电话）；⑤其他（请文字说明）；⑥无
曾经遭受过的自然灾害类型（多选）	近十年曾因自然灾害造成人员伤亡、房屋建筑和室内财产受损的自然灾害类型。具体灾种包括：①地质灾害（滑坡、泥石流、崩塌）；②地震；③洪涝；④台风；⑤风雹（雷电、大风、龙卷风、冰雹）；⑥森林草原火灾；⑦风暴潮、海啸；⑧其他灾害类型（请文字说明）；⑨无灾害记录

表 3－15（续）

指 标 名 称	指 标 释 义
已有自然灾害应急预案类型（多选）	①地质灾害（滑坡、泥石流、崩塌）应急预案；②地震灾害应急预案；③洪涝灾害应急预案；④台风灾害应急预案；⑤风雹（雷电、大风、龙卷风、冰雹）灾害应急预案；⑥森林草原火灾应急预案；⑦风暴潮、海啸应急预案；⑧其他类型自然灾害应急预案（请文字说明）；⑨无任何自然灾害应急预案

（四）逻辑关系

指标间逻辑关系主要针对部分指标填报时，后台进行自动核查的辅助作用。

表 3－14 应符合的逻辑关系为：年末职工人数≥专业技术技能人员＋机构管理人员。

第四节　公共文化场所

一、基本流程

公共文化场所调查的基本流程包括明确调查范围与清查对象、清查成果汇总录入、内外业调查、质量审核上报等环节。

（一）明确调查范围与清查对象

1. 填报范围

由文化部门主办或实行行业管理的文化文物机构以及由文化部门或科协等社会组织主办的其他文化机构等，包含公共图书馆、博物馆、文化馆、美术馆、艺术表演场馆场所。

（1）公共图书馆：包括公共图书馆，不包括学校机构图书馆、各类机构内部举办的或单独举办的图书馆、部队系统以及文化馆（文化中心、群众艺术馆）、文化站内设的图书室等。

（2）博物馆：包括博物馆（院）、纪念馆（舍）、科技馆、陈列馆、收藏馆。其中，科技馆是指各级科协拥有所有权或使用权的具备展览教育、培训教育、实验教育等功能的，面向公众常年开放的社会科技教育固定设施；收藏馆主要指公立收藏场馆，不含规模小于 5000 m^2 民间收藏场馆。

（3）文化馆：包括国家、省、市、县级文化馆、综合性文化中心、群众艺术馆、文化站；不包括街道（乡镇）、社区（农村）文化站或文化中心等机构，也不包括由临时抽调人员组成的文化工作队、服务站等。

（4）美术馆：包含由文化部门主办或实行行业管理的国有美术馆，以及在民政部门登记注册并在文化部门备案的非营利性民营美术馆。

（5）艺术表演场馆：包括剧场、影剧院、电影院、影视城、音乐厅、书场、曲艺场、杂技场、马戏场、综合性剧场等有观众席、舞台、灯光设备，公开售票、专供文艺团体演出或放映的文化活动场所。不含广播电台、图书市场、图书城、新华书店等机构。

2. 填报主体

填报主体为公共文化场所。

3. 其他注意事项

单位负责人，指调查对象主体的单位法定代表人或者法律、行政法规规定代表单位行使职权的主要负责人，主要把关调查表中所填报数据的真实性。统计负责人，指本调查表所涉及的行业主管部门中，对本调查表进行质量核查的质检人员；如涉及多个行业主管部门，则指县级应急管理部门中开展或对接此项调查任务的技术负责人。填表人，指本调查表的具体填报人。

4. 摸清调查对象工作量

结合统计年鉴、普查区域行业年报、相关部门专业管理系统等资料，摸清调查对象总数量，结合清查底图初步判断清查对象工作量。调查对象目录见表 3－16。

表 3－16　公共文化场所调查对象目录

调查对象	调查对象小类	不包含对象	管理单位
公共图书馆	包括公共图书馆	不包括各级机构内设的图书室	文旅部门
博物馆	包括博物馆（院）、纪念馆（舍）、科技馆、陈列馆、收藏馆	不包含场地面积小于 5000 m^2 的民间收藏场馆	文旅部门
文化馆	包括国家、省、市、县级文化馆，综合性文化中心，群众艺术馆，文化站	不包括街道（乡镇）、社区（农村）文化站或文化中心等机构，也不包括由临时抽调人员组成的文化工作队、服务站等。	文旅部门
美术馆	包含由文化部门主办或实行行业管理的国有美术馆，以及在民政部门登记注册并在文化部门备案的非营利性民营美术馆	—	文旅部门
艺术表演场馆	包括剧场、影剧院、影视城、音乐厅、书场、曲艺场、杂技场、马戏场、综合性剧场等有观众席、舞台、灯光设备，公开售票、专供文艺团体演出或放映的文化活动场所	不含广播电台、图书市场、图书城、新华书店等机构	文旅部门
	电影院		宣传部门

（二）清查成果汇总录入

县级应急管理部门协调县级部门，开展清查数据的录入和审核汇总工作。

1. 数据录入

数据录入采用批量导入和逐项填报两种方式。将清查指标录入系统，系统根据输入的地址信息或者经纬度信息识别清查对象的空间点位，系统无法自动识别的位置信息，可以手动进行修正。清查阶段，空间点位信息采集清查对象的最大外边界范围内的任一点位均可。属于调查范围内的调查对象须形成清查成果表，属性字段见表3－17。

表3－17　公共服务设施（公共文化场所）清查属性表

序号	指标名称	填报信息
1	对象分类	公共服务设施（公共文化场所）
2	单位名称	必填项，单位名称必须采用法人登记名称。 例如：中国国家图书馆
3	单位地址	必填项，填写详细地址信息，包括所在省、市、县、乡镇、街，精确到门牌号。 例如：北京市中关村南大街33号
4	位置信息	必填项，采集点矢量空间数据，空间数据附带位置信息

2. 审核汇总

县级应急管理部门对填报的清查数据进行质量审核，数据审核通过，依托系统提交至上级应急管理部门审核；数据审核未通过，数据需返回上报部门进行修正后再提交。应急管理部对各省提交的数据进行质量检查和汇总，形成清查成果。清查成果包括全国清查对象图层（普查工作底图）和全国清查数据（普查对象目录）。清查成果表示例见表3－18。

表3－18　公共服务设施（公共文化场所）清查成果表（示例）

序号	对象分类	单位名称	单位地址	位置信息	备注
1	公共服务设施（公共文化场所）	中国国家图书馆	北京市中关村南大街33号	经度、纬度（填报软件定位获取）	…
2	公共服务设施（公共文化场所）	…	…	…	…

表 3－18（续）

序号	对象分类	单位名称	单位地址	位置信息	备注
…	公共服务设施（公共文化场所）	…	…	…	…
n	公共服务设施（公共文化场所）	…	…	…	…

（三）内外业调查

内外业调查是公共服务设施调查的主体工作，是基于调查工作底图和清查名录，补充完善各类调查对象空间数据和调查指标信息，形成最终调查成果的重要环节。调查对象的指标信息依据公共服务设施（公共文化场所）调查表采集；空间数据信息采集几何类型为面状空间数据。调查工作依托统一开发的全国自然灾害综合风险普查数据采集系统开展。基于不同对象空间属性信息的差异化原则，不同大类对象之间的空间范围是可重叠的。

1. 任务分工

内外业调查主要由县级应急管理部门协调各参与部门共同完成。县级应急管理部门负责本区县所有调查工作的组织协调、人员配置、业务培训、空间数据采集及审核汇集。各参与部门负责相应调查对象的调查指标信息采集。

2. 调查流程

（1）调查指标信息采集。

县级各相关行业部门依据调查表要求组织采集调查信息，在软件中采用批量导入或逐项填报两种方式录入调查指标信息。

（2）空间数据采集。

空间数据采集包括内业采集和外业采集。县级应急管理部门组织调查员，借助全国灾害综合风险调查软件，在内业优先完成空间数据的核查修改、补充标绘和疑问标记。空间数据核查修改是指对调查图层上已有的点状空间数据进行审核，利用软件修改错误数据。空间数据补充标绘是指在调查图层上只有点状空间数据，还需要采集面状空间数据的情况，利用软件补充标绘相应面状数据；如果调查图层上有应采未采的调查对象，应采用软件补充标绘相应的点状、面状空间数据。疑问标记是指对内业无法确认的空间数据，逐一进行标记，以待调查员外业调查。

外业空间数据采集是县级应急管理部门组织调查员开展外业调查工作，完成空间数据的现场查勘、查遗补漏和疑问标记。对调查对象进行现场查勘，尤其要对内业中有疑问标记的进行重点勘查，如果有错误，审核修正空间数据信息。查遗补漏是指对外业调查过程中发现存在应采未采的调查对象，利用软件补充采集标绘该对象的空间数据。疑问标记是指对外业调查过程中发现调查任务中有但实地无法找到的对象进行标记，报县级应急管理部门核实后予以注销。

（四）质量审核上报

按照“自下而上”的流程，省市县三级应急管理部门组织教育、卫健、民政、文旅、宣传、科技、体育、统战、商务、统计等各参与部门负责相应调查对象调查指标信息的质量核查，保证数据质量的真实性。县级还应组织乡镇（街道）、村（社区）参与质量审核工作。质检核查工作具体按照《应急管理系统调查成果质检核查办法》执行。县级应急管理部门负责所有调查数据成果的汇总和核查，按照“各参与部门—县级应急管理局—市级应急管理局—省级应急管理厅（局）—应急管理部”的流程，将调查数据成果逐级审核、上报、汇总，形成国家级调查成果库。

二、调查表说明

（一）内容框架

公共服务设施（公共文化场所）调查表从基本概况、人员情况、功能及服务情况、应急保障能力四个方面展开。

（二）指标体系

公共文化场所指标体系见表 3－19。

表 3－19　公共服务设施（公共文化场所）调查表

__省(自治区、直辖市)__地(市、州、盟)__县(区、市、旗)

行政区划代码：□□__□□_ □□

统一社会信用代码（18 位）：□□□□□□□□□□□□□□□□□□

尚未领取统一社会信用代码的填原组织机构代码□□□□□□□□－□

填报单位（盖章）：

指　标　名　称	计量单位	代码	数量
一、基本概况	—	—	
单位名称	（文字说明）	01	
单位详细地址		02	
机构类型	（单选）	03	
占地面积	m^2	04	
建筑面积	m^2	05	
是否含文物保护单位或历史建筑	（是/否）	06	
二、人员情况	—	—	
从业人员数	人	07	
年总流通人次	人次	08	
三、功能及服务情况	—	—	
是否免费开放	（是/否）	09	
总藏量	册/件/套	10	
其中：一级品文物数	件/套	11	
二级品文物数	件/套	12	
三级品文物数	件/套	13	
座席数	席	14	
四、应急保障能力	—	—	
安全保卫人员数量	人	15	
应急供电能力	（单选）	16	

表 3－19（续）

指 标 名 称	计量单位	代码	数量
供水方式	（单选）	17	
供暖方式	（单选）	18	
应急通信保障方式	（多选）	19	
曾经遭受过的自然灾害类型	（多选）	20	
已有自然灾害应急预案类型	（多选）	21	

单位负责人：　统计负责人：　填表人：　联系电话：　报出日期：20　年　月　日

（三）指标解释

公共文化场所调查指标与释义见表 3－20。

表 3－20　公共服务设施（公共文化场所）调查指标与释义

指 标 名 称	指 标 释 义
一、基本概况	—
单位名称	经有关部门批准正式使用的单位全称。如有常用名，则以“名称＋（常用名）”填报
单位详细地址	应填写所在地详细地址信息，包括所在乡镇村或街道（路）等，尽量精确到门牌号。如无具体门牌号，可按“什么街什么路交叉口，往什么方向行多少米”填写
服务机构类型	①图书馆；②博物馆；③文化馆；④美术馆；⑤艺术表演场馆
其中：公共图书馆	各类图书馆的管理与服务（对文献和信息的搜集、整理、存储、利用和管理，向社会公众开放并提供科学、文化等各种知识普及教育），包括公共图书馆和各类机构内部举办的或单独举办的图书馆的管理与服务
博物馆	为了研究、教育、欣赏的目的，收藏、保护、展示人类活动和自然环境的见证物，向公众开放，非营利性、永久性社会服务机构

表3－20（续）

指标名称	指标释义
文化馆	专门从事群众文化活动的群众文化场馆
美术馆	由文化部门主办或实行行业管理的，具备展览、典藏、研究及公共教育和服务功能的、向公众开放的国有美术馆，以及在民政部门登记注册并在文化部门备案的，具备展览、典藏、研究及公共教育和服务功能的、向公众开放的、非营利性的民营美术馆
艺术表演场馆	由文化部门主办或实行行业管理（经文化市场行政部门审批或已申报登记并领取相关许可证），有观众席、舞台、灯光设备，公开售票、专供文艺团体演出或放映的文化活动场所
占地面积	机构实际占用的土地面积，包括通过租赁或临时搭建棚舍等实际开展相关主营业务占用的土地面积
建筑面积	单位实际占用的产权和非产权房屋建筑面积，包括租房面积及实际使用但无产权手续的房屋建筑面积
是否含文物保护单位或历史建筑	即判断是否包含文物保护单位或历史建筑。文物保护单位是指由各级人民政府公布的全国重点文物保护单位、省级文物保护单位和市县级文物保护单位，包括具有历史、艺术、科学价值的古文化遗址、古墓葬、古建筑、石窟寺和石刻、近现代重要史迹及代表性建筑等。此外，还包括尚未核定公布为文物保护单位的不可移动文物，由县级人民政府文物行政部门予以登记并公布。可与县级文物行政部门进行核实。历史建筑，是指经城市、县人民政府确定公布的具有一定保护价值，能够反映历史风貌和地方特色，未公布为文物保护单位，也未登记为不可移动文物的建筑物、构筑物，可与县级建设部门或规划部门进行核实
二、人员情况	—
从业人员数	在文化部门主办或实行行业管理的文化文物机构以及由文化部门主办的其他文化机构中工作并取得劳动报酬的全部人员。包括职工、再就业的离退休人员以及在各机构中工作的外方人员和港、澳、台方人员

表 3－20（续）

指 标 名 称	指 标 释 义
年总流通人次	到各类公共文化场所场馆开展借阅、参观、咨询、培训，以及观影等文化活动等年度总人次
三、功能与服务情况	—
是否免费开放	不收取门票，长期向公众免费开放
总藏量	（1）图书馆或美术馆填报时，总藏量指已编目的古籍、图书、期刊和报纸的合订本、小册子、手稿，以及缩微制品、录像带、录音带、光盘等视听文献资料数量之和。对同一书名，但分若干册（卷）的图书，按每一册（卷）作为一册统。期刊和报纸均以每一合订本为一册统计。至填报本表时，尚未装订成册编目的期刊和报纸不应统计在内。 （2）博物馆或文化馆填报时，总藏量指按历年来以件、套为计量单位统计的藏品数量。即单件藏品编一个号者按一件计算，成套藏品按整体编一个号者，也按一件计算（其组成部分即使有分号，也按一件计）。不易计数的藏品，如粮食、药材及液体等，不论数量多少，均按一件计算
一级品文物数	如无该等级文物藏品填“0”
二级品文物数	如无该等级文物藏品填“0”
三级品文物数	如无该等级文物藏品填“0”
座席数	剧场、影剧院、电影院、影视城等收取票据的座席数量，其他机构如无座席填“0”
四、应急保障能力	—
安全保卫人员数量	从事安全保卫工作和安全管理工作的人员，包括聘用人员的数量
应急供电能力（单选）	用于应对意外断电事故，储备的可用大型应急发电机组等备用电源系统，可满足本机构部分或全部用电需求。这里主要指的是应急备用发电的综合能力，即若有多台发电机组，则需将所有机组功率求和后再进行选择。具体类型包括：①1～19 kW；②20～50 kW；③51～200 kW；④201～400 kW；⑤401 kW 以上；⑥无（或低于 1 kW）

表 3－20（续）

指标名称	指标释义
供水方式	主要供水方式，可选：①网管供水；②自备水源；③无水源
其中：网管供水	即通常说的自来水，指市政供水部门通过管网将水输送至该地
自备水源	利用该地内的水窖、手压井、引泉水、大口井和机井等提供本单位或机构日常所需的饮用水
供暖方式（单选）	①集中供暖；②自备锅炉采暖；③蜂窝煤炉采暖；④煤改气供暖；⑤无供暖设施；⑥其他
应急通信保障方式（可多选）	①对讲机；②应急卫星电话；③专用通信线路；④公共通信线路（固定或移动电话）；⑤其他（请文字说明）；⑥无
曾经遭受过的自然灾害类型（可多选）	近十年曾因自然灾害造成人员伤亡、房屋建筑和室内财产受损的自然灾害类型。具体灾种包括：①地质灾害（滑坡、泥石流、崩塌）；②地震；③洪涝；④台风；⑤风雹（雷电、大风、龙卷风、冰雹）；⑥森林草原火灾；⑦风暴潮、海啸；⑧其他灾害类型（请文字说明）；⑨无灾害记录
已有自然灾害应急预案类型（可多选）	①地质灾害（滑坡、泥石流、崩塌）应急预案；②地震灾害应急预案；③洪涝灾害应急预案；④台风灾害应急预案；⑤风雹（雷电、大风、龙卷风、冰雹）灾害应急预案；⑥森林草原火灾应急预案；⑦风暴潮、海啸应急预案；⑧其他类型自然灾害应急预案（请文字说明）；⑨无任何自然灾害应急预案

（四）逻辑关系

指标间逻辑关系主要针对部分指标填报时，后台进行自动核查的辅助作用。

表 3－19 应符合的逻辑关系为：总藏量≥一级品数＋二级品数＋三级品数。

第五节 旅 游 景 区

一、基本流程

旅游景区调查的基本流程包括明确调查范围与清查对象、清查成果汇总录入、内外业调查、质量审核上报等环节。

(一) 明确调查范围与清查对象

1. 填报范围

全国旅游景区质量等级评定委员会认定或授权省级旅游部门认定的A级及以上旅游景区，包含A级、AA级、AAA级、AAAA级、AAAAA级景区，不含未定级及其他类型景区。

2. 填报主体

填报主体为旅游景区。

3. 其他注意事项

(1) 若景区范围覆盖多个县域，则由景区最主要入口所在县进行填报，或由市、省文旅部门确定具体填报县。

(2) 单位负责人，指调查对象主体的单位法定代表人或者法律、行政法规规定代表单位行使职权的主要负责人，主要把关调查表中所填报数据的真实性。统计负责人，指本调查表所涉及的行业主管部门中，对本调查表进行质量核查的质检人员；如涉及多个行业主管部门，则指县级应急管理部门中开展或对接此项调查任务的技术负责人。填表人，指本调查表的具体填报人。

4. 摸清调查对象工作量

结合统计年鉴、普查区域行业年报、相关部门专业管理系统等资料，摸清调查对象总数量，结合清查底图初步判断清查对象工作量。

(二) 清查成果汇总录入

县级应急管理部门协调县级部门，开展清查数据的录入和审核汇总工作。

1. 数据录入

数据录入采用批量导入和逐项填报两种方式。将清查指标录入系统，系统根据输入的地址信息或者经纬度信息识别清查对象的空间点位，系统无法自动识别的位置信息，可以手动进行修正。清查阶段，空间点位信息采集清查对象的最大外边界范围内的任一点位均可。属于调查范围内的调查对象须形成清查成果表，属性字段见表 3－21。

表 3－21 公共服务设施（旅游景区）清查属性表

序号	指标名称	填报信息
1	对象分类	公共服务设施（旅游景区）
2	单位名称	必填项，单位名称必须采用法人登记名称。 例如：恭王府景区
3	单位地址	必填项，填写详细地址信息，包括所在省、市、县、乡镇、街，精确到门牌号。 例如：北京市西城区柳荫街甲 14 号
4	位置信息	必填项，采集点矢量空间数据，空间数据附带位置信息

2. 审核汇总

县级应急管理部门对填报的清查数据进行质量审核，数据审核通过，依托系统提交至上级应急管理部门审核；数据审核未通过，数据需返回上报部门进行修正后再提交。应急管理部对各省提交的数据进行质量检查和汇总，形成清查成果。清查成果包括全国清查对象图层（普查工作底图）和全国清查数据（普查对象目录）。清查成果表示例见表 3－22。

表 3－22 公共服务设施（旅游景区）清查成果表（示例）

序号	对象分类	单位名称	单位地址	位置信息	备注
1	公共服务设施（旅游景区）	北京恭王府景区	北京市西城区柳荫街甲 14 号	经度、纬度（填报软件定位获取）	…

表 3-22（续）

序号	对象分类	单位名称	单位地址	位置信息	备注
2	公共服务设施（旅游景区）	…	…	…	…
…	公共服务设施（旅游景区）	…	…	…	…
n	公共服务设施（旅游景区）	…	…	…	…

（三）内外业调查

内外业调查是公共服务设施调查的主体工作，是基于调查工作底图和清查名录，补充完善各类调查对象空间数据和调查指标信息，形成最终调查成果的重要环节。调查对象的指标信息依据公共服务设施（旅游景区）调查表采集；空间数据信息采集几何类型为面状空间数据。调查工作依托统一开发的全国自然灾害综合风险普查数据采集系统开展。基于不同对象空间属性信息的差异化原则，不同大类对象之间的空间范围是可重叠的。

1. 任务分工

内外业调查主要由县级应急管理部门协调各参与部门共同完成。县级应急管理部门负责本区县所有调查工作的组织协调、人员配置、业务培训、空间数据采集及审核汇集。各参与部门负责相应调查对象的调查指标信息采集。

2. 调查流程

（1）调查指标信息采集。

县级各相关行业部门依据调查表要求组织采集调查信息，在软件中采用批量导入或逐项填报两种方式录入调查指标信息。

（2）空间数据采集。

空间数据采集包括内业采集和外业采集。县级应急管理部门组织调查员，借助全国灾害综合风险调查软件，在内业优先完成空间数据的核查修改、补充标绘和疑问标记。空间数据核查修改是指对调查图层上已有的点状空间数据进行审核，利用软件修改错误数据。空间数据补充标绘是指在调查图层上只有点状空间数据，还需要采集面状空间数据的情况，利用软件补充标绘相应的面状数据；如果调查图层上有应采未采的调查对象，应采用软件补充标绘相应的点状、面状空间数据。疑问标记是指对内业无法确认的空间数据，逐一进行标记，以待调查员外业调查。

外业空间数据采集是县级应急管理部门组织调查员开展外业调查工作，完成空间数据的现场查勘、查遗补漏和疑问标记。对调查对象进行现场查勘，尤其要对内业中有疑问标记的进行重点勘查，如果有错误，审核修正空间数据信息。查遗补漏是指对外业调查过程中发现存在应采未采的调查对象，利用软件补充采集标绘该对象的空间数据。疑问标记是指对外业调查过程中发现调查任务中有但实地无法找到的对象进行标记，报县级应急管理部门核实后予以注销。

（四）质量审核上报

按照“自下而上”的流程，省市县三级应急管理部门组织教育、卫健、民政、文旅、宣传、科技、体育、统战、商务、统计等各参与部门负责相应调查对象调查指标信息的质量核查，保证数据质量的真实性。县级还应组织乡镇（街道）、村（社区）参与质量审核工作。质检核查工作具体按照《应急管理系统调查成果质检核查办法》执行。县级应急管理部门负责所有调查数据成果的汇总和核查，按照“各参与部门—县级应急管理局—市级应急管理局—省级应急管理厅（局）—应急管理部”的流程，将调查数据成果逐级审核、上报、汇总，形成国家级调查成果库。

二、调查表说明

（一）内容框架

公共服务设施（旅游景区）调查表从基本情况、人员情况、功能及服务情况、应急保障能力四个方面展开。

（二）指标体系

旅游景区指标体系见表 3－23。

表 3－23 公共服务设施（旅游景区）调查表

__省（自治区、直辖市）__地（市、州、盟）__县（区、市、旗）

行政区划代码：□□__□□__□□

统一社会信用代码（18 位）：□□□□□□□□□□□□□□□□□□

尚未领取统一社会信用代码的填原组织机构代码□□□□□□□□－□

填报单位（盖章）：

指 标 名 称	计量单位	代码	数量
一、基本概况	—	—	
景区名称	（文字说明）	01	
景区详细地址	（文字说明）	02	
景区企业性质	（单选）	03	
景区经营模式	（单选）	04	
景区类型	（单选）	05	
景区当前等级	（单选）	06	
景区申报面积	km^2	07	
建筑面积	m^2	08	
是否含文物保护单位或历史建筑	（是/否）	09	
二、人员情况	—	—	
总就业人数	人	10	
三、功能及服务情况	—	—	
开放时间	（多选）	11	
游客总接待量	万人	12	
瞬时最大承载量	人次	13	
日最大承载量	人次/日	14	

表 3－23（续）

指　标　名　称	计量单位	代码	数量
四、应急保障能力	—	—	
安全保卫人员数量	人	15	
应急供电能力	（单选）	16	
供水方式	（单选）	17	
供暖方式	（单选）	18	
应急通信保障方式	（是/否）	19	
曾经遭受过的自然灾害类型	（多选）	20	
已有自然灾害应急预案类型	（多选）	21	

单位负责人：　统计负责人：　填表人：　联系电话：　报出日期：20　年　月　日

（三）指标解释

旅游景区调查指标与释义见表 3－24。

表 3－24　公共服务设施（旅游景区）调查指标与释义

指　标　名　称	指　标　释　义
一、基本概况	—
景区名称	以文旅部门正式批复名称为准，可以“景区”“旅游区”结尾
景区详细地址	应填写所在地详细地址信息，包括所在乡镇村或街道（路）等，尽量精确到门牌号。如无具体门牌号，可按“什么街什么路交叉口，往什么方向行多少米”填写
景区企业性质（单选）	①内资；②港澳台商投资；③外商投资
其中：内资	国有、集体、股份合作、国有与集体联营有限公司、集体联营、国有与集体联营、其他联营、国有独资公司、其他有限责任公司、股份有限公司、私营独资、私营合伙、私营有限责任公司、私营股份有限公司、其他

表 3-24（续）

指 标 名 称	指 标 释 义
港澳台商投资	与港澳台商合资经营、与港澳台商合作经营、港澳台商独资、港澳台商投资股份有限公司
外商投资	中外合资经营、中外合作经营、外资企业、外商投资股份
经营模式	①复合经营；②整体租赁；③自主开发；④股份制企业；⑤国有企业
景区类型（单选）	①自然生态类；②历史文化类；③现代游乐类；④产业融合类
景区当前等级（单选）	①5A 级；②4A 级；③3A 级；④2A 级；⑤A 级
景区申报面积	景区申报范围的土地面积，精确到小数点后两位
建筑面积	单位实际占用的产权和非产权房屋建筑面积，包括租房面积及实际使用但无产权手续的房屋建筑面积
是否含文物保护单位或历史建筑	即判断是否包含文物保护单位或历史建筑。文物保护单位是指由各级人民政府公布的全国重点文物保护单位、省级文物保护单位和市县级文物保护单位，包括具有历史、艺术、科学价值的古文化遗址、古墓葬、古建筑、石窟寺和石刻、近现代重要史迹及代表性建筑等。此外，还包括尚未核定公布为文物保护单位的不可移动文物，由县级人民政府文物行政部门予以登记并公布。可与县级文物行政部门进行核实。历史建筑，是指经城市、县人民政府确定公布的具有一定保护价值，能够反映历史风貌和地方特色，未公布为文物保护单位，也未登记为不可移动文物的建筑物、构筑物，可与县级建设部门或规划部门进行核实
二、人员情况	—
总就业人数	年末景区在岗员工与工作人员数量，不包括景区外包就业人员
三、功能与服务情况	—

表 3-24（续）

指标名称	指标释义
开放时间	①全年开放；②部分月份开发（多选：1月、2月、3月、4月、5月、6月、7月、8月、9月、10月、11月、12月）
游客总接待量	景区全年接待的总游客人数
瞬时最大承载量	景区在某一瞬时间所承载的最大游客量，以相关部门核定数据为准
日最大承载量	景区在保证安全（包括文物安全、游客安全等）和游客观赏游览效果的前提下，确定的能承载的日最大游客量，以相关部门核定数据为准
四、应急保障能力	—
安全保卫人员数量	从事安全保卫工作和安全管理工作的人员，包括聘用人员
应急供电能力（单选）	用于应对意外断电事故，储备的可用大型应急发电机组等备用电源系统，可满足本机构部分或全部用电需求。这里主要指的是应急备用发电的综合能力，即若有多台发电机组，则需将所有机组功率求和后再进行选择。具体类型包括：①1～19 kW；②20～50 kW；③51～200 kW；④201～400 kW；⑤401 kW 以上；⑥无（或低于1 kW）
供水方式	主要供水方式，可选：①网管供水；②自备水源；③无水源
其中：网管供水	即通常说的自来水，指市政供水部门通过管网将水输送至该地
自备水源	利用该地内的水窖、手压井、引泉水、大口井和机井等提供本单位或机构日常所需的饮用水
供暖方式（单选）	①集中供暖；②自备锅炉采暖；③蜂窝煤炉采暖；④煤改气供暖；⑤无供暖设施；⑥其他

表 3－24（续）

指标名称	指标释义
应急通信保障方式（可多选）	①对讲机；②应急卫星电话；③专用通信线路；④公共通信线路（固定或移动电话）；⑤其他（请文字说明）；⑥无
曾经遭受过的自然灾害类型（可多选）	近十年曾因自然灾害造成人员伤亡、房屋建筑和室内财产受损的自然灾害类型。具体灾种包括：①地质灾害（滑坡、泥石流、崩塌）；②地震；③洪涝；④台风；⑤风雹（雷电、大风、龙卷风、冰雹）；⑥森林草原火灾；⑦风暴潮、海啸；⑧其他灾害类型（请文字说明）；⑨无灾害记录
已有自然灾害应急预案类型（可多选）	①地质灾害（滑坡、泥石流、崩塌）应急预案；②地震灾害应急预案；③洪涝灾害应急预案；④台风灾害应急预案；⑤风雹（雷电、大风、龙卷风、冰雹）灾害应急预案；⑥森林草原火灾应急预案；⑦风暴潮、海啸应急预案；⑧其他类型自然灾害应急预案（请文字说明）；⑨无任何自然灾害应急预案

（四）逻辑关系

指标间逻辑关系主要针对部分指标填报时，后台进行自动核查的辅助作用。表 3－23 的调查指标无逻辑关系。

第六节　星　级　饭　店

一、基本流程

星级饭店调查的基本流程包括明确调查范围与清查对象、清查成果汇总录入、内外业调查、质量审核上报等环节。

（一）明确调查范围与清查对象

1. 填报范围

经全国旅游星级饭店评定委员会审核认定的一星级及以上星级饭店，具体包含一星级、二星级、三星级、四星级、五星级（含白金五星级）。可包含未定星级但客房在50个以上，且占地面积在5000 m^2以上的宾馆酒店（自选）。

（1）旅游饭店：以间（套）夜为单位出租客房，以住宿服务为主，并提供商务、会议、休闲、度假等相应服务的住宿设施，按不同习惯可能也被称为宾馆、酒店、旅馆、旅社、宾舍、度假村、俱乐部、大厦、中心等。

（2）饭店星级：分为六个级别，即一星级、二星级、三星级、四星级、五星级（含白金五星级）、其他住宿场所。最低为一星级，最高为五星级。星级越高，表示饭店的等级越高，“星级旅游饭店”简称为“星级饭店”。

2. 填报主体

填报主体为星级饭店。

3. 其他注意事项

单位负责人，指调查对象主体的单位法定代表人或者法律、行政法规规定代表单位行使职权的主要负责人，主要把关调查表中所填报数据的真实性。统计负责人，指本调查表所涉及的行业主管部门中，对本调查表进行质量核查的质检人员；如涉及多个行业主管部门，则指县级应急管理部门中开展或对接此项调查任务的技术负责人。填表人，指本调查表的具体填报人。

4. 摸清调查对象工作量

结合统计年鉴、普查区域行业年报、相关部门专业管理系统等资料，摸清调查对象总数量，结合清查底图初步判断清查对象工作量。

（二）清查成果汇总录入

县级应急管理部门协调县级部门，开展清查数据的录入和审核汇总工作。

1. 数据录入

数据录入采用批量导入和逐项填报两种方式。将清查指标录入系统，系统根据输入的地址信息或者经纬度信息识别清查对象的空间点位，系统无法自动识别的位置信息，可以手动进行修正。清查阶段，空间点位信息采集清查对象的最大外边界范围内的任一点位均可。属于调查范围内的调查对象须形成清查成果表，属性字段见表3－25。

表3－25 公共服务设施（星级饭店）清查属性表

序号	指标名称	填报信息
1	对象分类	公共服务设施（星级饭店）
2	单位名称	必填项，单位名称必须采用法人登记名称。 例如：宝格丽（北京）投资管理有限公司
3	常用商标名称	必填项，填写单位常用名称。 例如：宝格丽酒店
4	星级	必填项，填写单位星级 例如：五星级
5	单位地址	必填项，填写详细地址信息，包括所在省、市、县、乡镇、街，精确到门牌号。 例如：北京市朝阳区新源南路八号院2号楼
6	位置信息	必填项，采集点矢量空间数据，空间数据附带位置信息

2. 审核汇总

县级应急管理部门对填报的清查数据进行质量审核，数据审核通过，依托系统提交至上级应急管理部门审核；数据审核未通过，数据需返回上报部门进行修正后再提交。应急管理部对各省提交的数据进行质量检查和汇总，形成清查成果。清查成果包括全国清查对象图层（普查工作底图）和全国清查数据（普查对象目录）。清查成果表示例见表3－26。

表 3-26　公共服务设施（星级饭店）清查成果表（示例）

序号	对象分类	单位名称	常用商标名称	星级	单位地址	位置信息	备注
1	公共服务设施（星级饭店）	宝格丽（北京）投资管理有限公司	宝格丽酒店	五星级	北京市朝阳区新源南路八号院 2 号楼	经度、纬度（填报软件定位获取）	…
2	公共服务设施（星级饭店）	…	…	…	…	…	…
…	公共服务设施（星级饭店）	…	…	…	…	…	…
n	公共服务设施（星级饭店）	…	…	…	…	…	…

（三）内外业调查

内外业调查是公共服务设施调查的主体工作，是基于调查工作底图和清查名录，补充完善各类调查对象空间数据和调查指标信息，形成最终调查成果的重要环节。调查对象的指标信息依据公共服务设施（星级饭店）调查表采集；空间数据信息采集几何类型为面状空间数据。调查工作依托统一开发的全国自然灾害综合风险普查数据采集系统开展。基于不同对象空间属性信息的差异化原则，不同大类对象之间的空间范围是可重叠的。

1. 任务分工

内外业调查主要由县级应急管理部门协调各参与部门共同完成。县级应急管理部门负责本区县所有调查工作的组织协调、人员配置、业务培训、空间数据采集及审核汇集。各参与部门负责相应调查对象的调查指标信息采集。

2. 调查流程

（1）调查指标信息采集。

县级各相关行业部门依据调查表要求组织采集调查信息，在软件中采用批量导入或逐项填报两种方式录入调查指标信息。

（2）空间数据采集。

空间数据采集包括内业采集和外业采集。县级应急管理部门组织调查员，借助全国灾害综合风险调查软件，在内业优先完成空间数据的核查修改、补充标绘和疑问标记。空间数据核查修改是指对调查图层上已有的点状空间数据进行审核，利用软件修改错误数据。空间数据补充标绘是指在调查图层上只有点状空间数据，还需要采集面状空间数据的情况，利用软件补充标绘相应的面状数据；如果调查图层上有应采未采的调查对象，应采用软件补充标绘相应的点状、面状空间数据。疑问标记是指对内业无法确认的空间数据，逐一进行标记，以待调查员外业调查。

外业空间数据采集是县级应急管理部门组织调查员开展外业调查工作，完成空间数据的现场查勘、查遗补漏和疑问标记。对调查对象进行现场查勘，尤其要对内业中有疑问标记的进行重点勘查，如果有错误，审核修正空间数据信息。查遗补漏是指对外业调查过程中发现存在应采未采的调查对象，利用软件补充采集标绘该对象的空间数据。疑问标记是指对外业调查过程中发现调查任务中有但实地无法找到的对象进行标记，报县级应急管理部门核实后予以注销。

（四）质量审核上报

按照“自下而上”的流程，省市县三级应急管理部门组织教育、卫健、民政、文旅、宣传、科技、体育、统战、商务、统计等各参与部门负责相应调查对象调查指标信息的质量核查，保证数据质量的真实性。县级还应组织乡镇（街道）、村（社区）参与质量审核工作。质检核查工作具体按照《应急管理系统调查成果质检核查办法》执行。县级应急管理部门负责所有调查数据成果的汇总和核查，按照“各参与部门—县级应急管理局—市级应急管理局—省级应急管理厅（局）—应急管理部”的流程，将调查数据成果逐级审核、上报、汇总，形成国家级调查成果库。

二、调查表说明

（一）内容框架

公共服务设施（星级饭店）调查表从基本概况、人员情况、功能及服务情况、应急保障能力四个方面展开。

（二）指标体系

星级饭店指标体系见表 3－27。

表 3－27　公共服务设施（星级饭店）调查表

__省（自治区、直辖市）__地（市、州、盟）__县（区、市、旗）

行政区划代码：□□__□□__□□

统一社会信用代码（18 位）：□□□□□□□□□□□□□□□□□□

尚未领取统一社会信用代码的填原组织机构代码□□□□□□□□－□

填报单位（盖章）：

指　标　名　称	计量单位	代码	数量
一、基本概况	—	—	
星级饭店名称	（文字说明）	01	
常用名	（文字说明）	02	
星级饭店详细地址	（文字说明）	03	
企业性质	（单选）	04	
饭店星级	（单选）	05	
占地面积	m^2	06	
建筑面积	m^2	07	
二、人员情况	—	—	
总就业人数	人	08	
三、功能及服务情况	—	—	
客房数	间	09	
床位数	张	10	

表 3－27（续）

指　标　名　称	计量单位	代码	数量
会议室容纳人数	人	11	
其他配套设施	（多选）	12	
四、应急保障能力	—	—	
安全保卫人员数量	人	13	
应急供电能力	（单选）	14	
供水方式	（单选）	15	
供暖方式	（单选）	16	
应急通信保障方式	（多选）	17	
曾经遭受过的自然灾害类型	（多选）	18	
已有自然灾害应急预案类型	（多选）	19	

单位负责人：　统计负责人：　填表人：　联系电话：　报出日期：20　年　月　日

（三）指标解释

星级饭店调查指标与释义见表 3－28。

表 3－28　公共服务设施（星级饭店）调查指标与释义

指　标　名　称	指　标　释　义
一、基本概况	—
星级饭店名称	以工商正式注册和备案的名称为准
常用名	主要指包含饭店常用的商标名称，与周边群众较为熟知的饭店名称或文字标识基本一致
星级饭店详细地址	应填写所在地详细地址信息，包括所在乡镇村或街道（路）等，尽量精确到门牌号。如无具体门牌号，可按“什么街什么路交叉口，往什么方向行多少米”填写
企业性质（单选）	①内资；②港澳台商投资；③外商投资

表 3－28（续）

指　标　名　称	指　标　释　义
其中：内资	国有、集体、股份合作、国有与集体联营有限公司、集体联营、国有与集体联营、其他联营、国有独资公司、其他有限责任公司、股份有限公司、私营独资、私营合伙、私营有限责任公司、私营股份有限公司、其他
港澳台商投资	与港澳台商合资经营、与港澳台商合作经营、港澳台商独资、港澳台商投资股份有限公司
外商投资	中外合资经营、中外合作经营、外资企业、外商投资股份。
饭店星级（单选）	①五星级（含白金五星级）；②四星级；③三星级；④二星级；⑤一星级；⑥其他
占地面积	星级饭店产权和非产权占用的土地面积
建筑面积	单位实际占用的产权和非产权房屋建筑面积，包括租房面积及实际使用但无产权手续的房屋建筑面积
二、人员情况	—
总就业人数	星级饭店年末在岗员工与工作人员数量
三、功能与服务情况	—
饭店客房数	饭店客房的数量
饭店床位数	饭店客房累计床位数
会议室容纳人数	如有配套会议设施，指饭店所有会议室可容纳的人数总量，如无会议设施配套，填“0”
其他配套设施	①商务中心；②餐厅；③宴会厅；④健身房；⑤游泳池；⑥超市；⑦多功能厅；⑧医务室；⑨其他
四、应急保障能力	—
安全保卫人员数量	从事安全保卫工作和安全管理工作的人员，包括聘用人员

表 3－28（续）

指 标 名 称	指 标 释 义
应急供电能力（单选）	用于应对意外断电事故，储备的可用大型应急发电机组等备用电源系统，可满足本机构部分或全部用电需求。这里主要指的是应急备用发电的综合能力，即若有多台发电机组，则需将所有机组功率求和后再进行选择。具体类型包括：①1～19 kW；②20～50 kW；③51～200 kW；④201～400 kW；⑤401 kW 以上；⑥无（或低于 1 kW）
供水方式	主要供水方式，可选：①网管供水；②自备水源；③无水源
其中：网管供水	即通常说的自来水，指市政供水部门通过管网将水输送至该地
自备水源	指利用该地内的水窖、手压井、引泉水、大口井和机井等提供本单位或机构日常所需的饮用水
供暖方式（单选）	①集中供暖；②自备锅炉采暖；③蜂窝煤炉采暖；④煤改气供暖；⑤无供暖设施；⑥其他
应急通信保障方式（可多选）	①对讲机；②应急卫星电话；③专用通信线路；④公共通信线路（固定或移动电话）；⑤其他（请文字说明）；⑥无
曾经遭受过的自然灾害类型（可多选）	近十年曾因自然灾害造成人员伤亡、房屋建筑和室内财产受损的自然灾害类型。具体灾种包括：①地质灾害（滑坡、泥石流、崩塌）；②地震；③洪涝；④台风；⑤风雹（雷电、大风、龙卷风、冰雹）；⑥森林草原火灾；⑦风暴潮、海啸；⑧其他灾害类型（请文字说明）；⑨无灾害记录
已有自然灾害应急预案类型（可多选）	①地质灾害（滑坡、泥石流、崩塌）应急预案；②地震灾害应急预案；③洪涝灾害应急预案；④台风灾害应急预案；⑤风雹（雷电、大风、龙卷风、冰雹）灾害应急预案；⑥森林草原火灾应急预案；⑦风暴潮、海啸应急预案；⑧其他类型自然灾害应急预案（请文字说明）；⑨无任何自然灾害应急预案

（四）逻辑关系

指标间逻辑关系主要针对部分指标填报时，后台进行自动核查的辅助作用。

表 3－27 应符合下列逻辑关系：

（1）总就业人数＞安全保卫人员数量。

（2）床位数≥客房数。

第七节　体　育　场　馆

一、基本流程

体育场馆调查的基本流程包括明确调查范围与调查对象、清查成果汇总录入、内外业调查、质量审核上报等环节。

（一）明确调查范围与清查对象

1. 填报范围

包含各系统、各行业、各种所有制形式的体育场、体育馆、游泳馆、跳水馆；不包含观众席位数小于 500 的体育场、体育馆，也不包含未设置固定观众座席的游泳馆和跳水馆；不包括学校（机构）体育场所。

（1）体育场：指设有标准田径跑道（400 m 环形跑道至少 8 条，直跑道 8～10 m）、标准足球场（场地为 105 m×68 m）等的室外体育场地。其中，观众席位数量可根据固定看台的面积进行估算，如一个普通席位的占面积约为 0.64 m^2。

（2）体育馆：指设有比赛和练习场地、看台和辅助用房等设施，可开展球类、体操等单项或多项体育比赛，固定座席大于 500 的室内体育建筑。

（3）游泳馆：指可供开展游泳、花样游泳、水球、跳水等运动的室内游泳场地。水池一般不小于 25 m×16 m。如游泳池和跳水池设在同一建筑空间，按游泳馆统计，固定座席数合并计算。

（4）跳水馆：指室内跳水池。水池一般不小于16 m×21 m，水深不小于5 m，且带座席的体育场地。

2. 填报主体

填报主体为体育场馆。

3. 其他注意事项

单位负责人，指调查对象主体的单位法定代表人或者法律、行政法规规定代表单位行使职权的主要负责人，主要把关调查表格中所填报数据的真实性。统计负责人，指本调查表格所涉及的行业主管部门中，对本调查表格进行质量核查的质检人员；如涉及多个行业主管部门，则指县级应急管理部门中开展或对接此项调查任务的技术负责人。填表人，指本表格的具体填报人。

4. 摸清调查对象工作量

结合统计年鉴、普查区域行业年报、相关部门专业管理系统等资料，摸清调查对象总数量，结合清查底图初步判断清查对象工作量。

（二）清查成果汇总录入

县级应急管理部门协调县级部门，开展清查数据的录入和审核汇总工作。

1. 数据录入

数据录入采用批量导入和逐项填报两种方式。将清查指标录入系统，系统根据输入的地址信息或者经纬度信息识别清查对象的空间点位，系统无法自动识别的位置信息，可以手动进行修正。清查阶段，空间点位信息采集清查对象的最大外边界范围内的任一点位均可。属于调查范围内的调查对象须形成清查表成果表，属性字段见表3－29。

表3－29 公共服务设施（体育场馆）清查属性表

序号	指标名称	填 报 信 息
1	对象分类	公共服务设施（体育场馆）
2	单位名称	必填项，单位名称必须采用法人登记名称。 例如：北京工人体育馆

表 3－29（续）

序号	指标名称	填　报　信　息
3	单位地址	必填项，填写详细地址信息，包括所在省、市、县、乡镇、街，精确到门牌号。 例如：北京市东城区东直门工人体育场北路
4	位置信息	必填项，采集点矢量空间数据，空间数据附带位置信息

2. 审核汇总

县级应急管理部门对填报的清查数据进行质量审核，数据审核通过，依托系统提交至上级应急管理部门审核；数据审核未通过，数据需返回上报部门进行修正后再提交。应急管理部对各省提交的数据进行质量检查和汇总，形成清查成果。清查成果包括全国清查对象图层（普查工作底图）和全国清查数据（普查对象目录）。清查成果表示例见表 3－30。

表 3－30　公共服务设施（体育场馆）清查成果表（示例）

序号	对象分类	单位名称	单位地址	位置信息	备注
1	公共服务设施（体育场馆）	北京工人体育馆	北京市东城区东直门工人体育场北路	经度、纬度（填报软件定位获取）	…
2	公共服务设施（体育场馆）	…	…	…	…
…	公共服务设施（体育场馆）	…	…	…	…
n	公共服务设施（体育场馆）	…	…	…	…

（三）内外业调查

内外业调查是公共服务设施调查的主体工作，是基于调查工作底图和清查名录，补充完善各类调查对象空间数据和调查指标信息，形成最终调查成果的重要环节。调查对象的指标信息依据公共服务设施（体育场馆）调查表采集；空间数据信息采集几何类型为面状空间数据。调查工作依托统一开发的全国自然灾害综合风险普查数据采集系统开展。基于不同对象空间属性信息的差异化原则，不同大类对象之间的空间范围是可重叠的。

1. 任务分工

内外业调查主要由县级应急管理部门协调各参与部门共同完成。县级应急管理部门负责本区县所有调查工作的组织协调、人员配置、业务培训、空间数据采集及审核汇集。各参与部门负责相应调查对象的调查指标信息采集。

2. 调查流程

（1）调查指标信息采集。

县级各相关行业部门依据调查表要求组织采集调查信息，在软件中采用批量导入或逐项填报两种方式录入调查指标信息。

（2）空间数据采集。

空间数据采集包括内业采集和外业采集。县级应急管理部门组织调查员，借助全国灾害综合风险调查软件，在内业优先完成空间数据的核查修改、补充标绘和疑问标记。空间数据核查修改是指对调查图层上已有的点状空间数据进行审核，利用软件修改错误数据。空间数据补充标绘是指在调查图层上只有点状空间数据，还需要采集面状空间数据的情况，利用软件补充标绘相应的面状数据；如果调查图层上有应采未采的调查对象，应采用软件补充标绘相应的点状、面状空间数据。疑问标记是指对内业无法确认的空间数据，逐一进行标记，以待调查员外业调查。

外业空间数据采集是县级应急管理部门组织调查员开展外业调查工作，完成空间数据的现场查勘、查遗补漏和疑问标记。对调查对象进行现场查勘，尤其要对内业中有疑问标记的进行重点勘查，如果有错误，审核修正空间数据信息。查遗补漏是指对外业调查过程中发现存在应采未采的调查对象，利用软件补充采集标绘该对象的空间数据。疑问标记是指对外业调查过程中发现调查任务中有但实地无法找到的对象进行标记，报县级应急管理部门核实后予以注销。

（四）质量审核上报

按照“自下而上”的流程，省市县三级应急管理部门组织教育、卫健、民政、文旅、宣传、科技、体育、统战、商务、统计等各参与部门负责相应调查对象调查指标信息的质量核查，保证数据质量的真实性。县级还应组织乡镇（街道）、村（社区）参与质量审核工作。质检核查工作具体按照《应急管理系统调查成果质检核查办法》执行。县级应急管理部门负责所有调查数据成果的汇总和核查，按照“各参与部门—县级应急管理局—市级应急管理局—省级应急管理厅（局）—应急管理部”的流程，将调查数据成果逐级审核、上报、汇总，形成国家级调查成果库。

二、调查表说明

（一）内容框架

公共服务设施（体育场馆）调查表从基本概况、人员情况、服务功能与服务情况、应急保障能力四个方面展开。

（二）指标体系

体育场馆指标体系见表 3－31。

表 3－31　公共服务设施（体育场馆）调查表

__省（自治区、直辖市）__地（市、州、盟）__县（区、市、旗）

行政区划代码：□□__□□__□□

统一社会信用代码（18 位）：□□□□□□□□□□□□□□□□□□

尚未领取统一社会信用代码的填原组织机构代码□□□□□□□□－□

填报单位（盖章）：

指　标　名　称	计量单位	代码	数量
一、基本概况	—	—	
体育场馆名称	（文字说明）	01	
体育场馆详细地址	（文字说明）	02	

表 3-31（续）

指标名称	计量单位	代码	数量
场馆类型	（单选）	03	
运营模式	（单选）	04	
占地面积	m^2	05	
场地面积	m^2	06	
建筑面积	m^2	07	
二、人员情况	—	—	
场地从业人员总数	人	08	
平均每周接待人次	人次	09	
三、功能与服务情况	—	—	
观众席位	座	10	
承担活动次数	次	11	
对外开放情况	（单选）	12	
年开放天数	（单选）	13	
四、应急保障能力	—	—	
安全保卫人员数量	人	14	
应急供电能力	（单选）	15	
供水方式	（单选）	16	
供暖方式	（单选）	17	
应急通信保障方式	（多选）	18	
曾经遭受过的自然灾害类型	（多选）	19	
已有自然灾害应急预案类型	（多选）	20	

单位负责人：　　统计负责人：　　填表人：　　联系电话：　　报出日期：20　　年　　月　　日

（三）指标解释

体育场馆调查指标与释义见表 3-32。

表 3－32　公共服务设施（体育场馆）调查指标与释义

指　标　名　称	指　标　释　义
一、基本概况	—
体育场馆名称	直接负责体育场地日常管理及运营并经有关部门批准正式使用的单位的全称
体育场馆详细地址	应填写所在地详细地址信息，包括所在乡镇村或街道（路）等，尽量精确到门牌号。如无具体门牌号，可按“什么街什么路交叉口，往什么方向行多少米”填写
场馆类型（单选）	①体育场；②体育馆；③游泳馆/跳水馆
运营模式（单选）	①直接运营；②合作运营；③委托运营
其中：直接运营	体育场地业主直接对该体育场地开展经营管理活动
合作运营	体育场地业主与另一方或另几方通过签订合同协议的方式，共同合作经营管理该场地。例如将体育馆的附属功能用房租赁给外单位或人员使用，本单位只负责其中场地部分的运营和管理
委托运营	业主通过一定的方式选择合适的经营者，通过签订合同协议的方式，代理业主经营体育场地及附属用房，业主不再直接参与经营管理
占地面积	体育场地实际占用的土地面积。包括附属配套设施的占地面积，以及道路、停车场、绿化带等占地面积。两个或两个以上场地集中建在一处的用地面积，应等于每个场地的用地面积之和(公共部分不得重复统计)，各个场地分别填表。其中,户外活动营地不统计用地面积。对于非体育建筑内设置的少量体育活动室,用地面积可填为“0”
场地面积	可供训练、比赛、健身活动的场地有效面积。室内场地从内墙计算，有看台的场地从看台下计算，室外场地包括比赛规定的尺寸外，还包括必要的安全区、缓冲区和无障碍区。其中，体育场、体育馆、游泳馆、综合房（馆）、射击房（馆）等应统计建筑内常年开展体育活动的各场地面积之和；户外活动营地不统计场地面积；全民健身路径场地面积为器械数量(件) ×5 m^2；登山步道和城市健身步道场地面积为步道平均宽度×步道长度

表 3－32（续）

指标名称	指标释义
建筑面积	室内体育场地和场地附属设施房屋的面积。看台下可利用的室内体育场地只要净高超过 2 m 的都计算建筑面积。建筑面积的计算以产权证上注明的面积为准，无产权的以实际丈量或业主提供数据为准。其中，户外活动营地不统计建筑面积
二、人员情况	—
场地从业人员人数	在本场地工作并取得劳动报酬或收入的年末实有人员数。包括在岗职工、再就业的离退休人员、在该企业工作的外方人员、港澳台方人员、兼职人员、借用的外单位人员和第二职业者。不包括离开本场地但仍保留劳动关系的职工。对于服务多个场馆的人员请为其固定一个体育场地，以保证统计时生成的“单位场地从业人员总数”数据不会超过实际人数总和
平均每周接待人次	① 500 人次以下；②501～2500 人次；③2501～5000 人次；④5001～10000 人次；⑤10000 人次以上
三、功能与服务情况	—
观众席位	体育场馆中观众席座位的数量
承担活动次数	当年体育场馆在运营过程中承担的包括全国及以上体育赛事、省级及以下体育赛事、文化演艺活动和会展活动的次数
对外开放情况（单选）	①不开放；②部分时段开放；③全天开放
其中：不开放	不向全社会开放的体育场地（包括仅对本单位内部人员开放的体育场地）。如学校、企事业单位体育场地只对本校师生或本单位职工内部开放
部分时段开放	每天部分时段向社会开放的体育场地。 全天开放：指每天向全社会开放时长在 8 h 以上的体育场地

表 3-32（续）

指 标 名 称	指 标 释 义
年开放天数（单选）	本场地总计向社会部分开放或全天开放的天数。包括①1～90 天/年；②91～180 天/年；③181～270 天/年；④271 天以上/年
四、应急保障能力	—
安全保卫人员数量	从事安全保卫工作和安全管理工作的人员，包括聘用人员
应急供电能力（单选）	用于应对意外断电事故，储备的可用大型应急发电机组等备用电源系统，可满足本机构部分或全部用电需求。这里主要指的是应急备用发电的综合能力，即若有多台发电机组，则需将所有机组功率求和后再进行选择。具体类型包括：①1～19 kW；②20～50 kW；③51～200 kW；④201～400 kW；⑤401 kW 以上；⑥无（或低于 1 kW）
供水方式	主要供水方式，可选：①网管供水；②自备水源；③无水源
其中：网管供水	即通常说的自来水，指市政供水部门通过管网将水输送至该地
自备水源	利用该地内的水窖、手压井、引泉水、大口井和机井等提供本单位或机构日常所需的饮用水
供暖方式（单选）	①集中供暖；②自备锅炉采暖；③蜂窝煤炉采暖；④煤改气供暖；⑤无供暖设施；⑥其他
应急通信保障方式（多选）	①对讲机；②应急卫星电话；③专用通信线路；④公共通信线路（固定或移动电话）；⑤其他（请文字说明）；⑥无
曾经遭受过的自然灾害类型（多选）	近十年曾因自然灾害造成人员伤亡、房屋建筑和室内财产受损的自然灾害类型。具体灾种包括：①地质灾害（滑坡、泥石流、崩塌）；②地震；③洪涝；④台风；⑤风雹（雷电、大风、龙卷风、冰雹）；⑥森林草原火灾；⑦风暴潮、海啸；⑧其他灾害类型（请文字说明）；⑨无灾害记录

表 3－32（续）

指 标 名 称	指 标 释 义
已有自然灾害应急预案类型（多选）	①地质灾害（滑坡、泥石流、崩塌）应急预案；②地震灾害应急预案；③洪涝灾害应急预案；④台风灾害应急预案；⑤风雹（雷电、大风、龙卷风、冰雹）灾害应急预案；⑥森林草原火灾应急预案；⑦风暴潮、海啸应急预案；⑧其他类型自然灾害应急预案（请文字说明）；⑨无任何自然灾害应急预案

（四）逻辑关系

指标间逻辑关系主要针对部分指标填报时，后台进行自动核查的辅助作用。

表 3－31 应符合的逻辑关系为：场地从业人员总数＞安全保卫人员数量。

第八节 宗教活动场所

一、基本流程

宗教活动场所调查的基本流程包括明确调查范围与清查对象、清查成果汇总录入、内外业调查、质量审核上报等环节。

（一）明确调查范围与清查对象

1. 填报范围

在国家宗教事务部门登记、备案的宗教（佛教、道教、伊斯兰教、基督教、天主教）活动场所，具体包括寺院、宫观、清真寺、教堂及其他固定宗教处所。可包含在重要活动或重要节日期间瞬时最大人数小于 500 人的宗教场所。

2. 填报主体

填报主体为宗教活动场所。

3. 其他注意事项

单位负责人，指调查对象主体的单位法定代表人或者法律、行政法规规定代表单位行使职权的主要负责人，主要把关调查表中所填报数据的真实性。统计负责人，指本调查表所涉及的行业主管部门中，对本调查表进行质量核查的质检人员；如涉及多个行业主管部门，则指县级应急管理部门中开展或对接此项调查任务的技术负责人。填表人，指本调查表的具体填报人。

4. 摸清调查对象工作量

结合统计年鉴、普查区域行业年报、相关部门专业管理系统等资料，摸清调查对象总数量，结合清查底图初步判断清查对象工作量。

（二）清查成果汇总录入

县级应急管理部门协调县级部门，开展清查数据的录入和审核汇总工作。

1. 数据录入

数据录入采用批量导入和逐项填报两种方式。将清查指标录入系统，系统根据输入的地址信息或者经纬度信息识别清查对象的空间点位，系统无法自动识别的位置信息，可以手动进行修正。清查阶段，空间点位信息采集清查对象的最大外边界范围内的任一点位均可。属于调查范围内的调查对象须形成清查成果表，属性字段见表3－33。

表3－33 公共服务设施（宗教活动场所）清查属性表

序号	指标名称	填 报 信 息
1	对象分类	公共服务设施（宗教活动场所）
2	单位名称	必填项，单位名称必须采用法人登记名称。 例如：北京佛教居士林
3	单位地址	必填项，填写详细地址信息，包括所在省、市、县、乡镇、街，精确到门牌号。 例如：北京市西城区西安门大街129号
4	位置信息	必填项，采集点矢量空间数据，空间数据附带位置信息

2. 审核汇总

县级应急管理部门对填报的清查数据进行质量审核，数据审核通过，依托系统提交至上级应急管理部门审核；数据审核未通过，数据需返回上报部门进行修正后再提交。应急管理部对各省提交的数据进行质量检查和汇总，形成清查成果。清查成果包括全国清查对象图层（普查工作底图）和全国清查数据（普查对象目录）。清查成果表示例见表 3－34。

表 3－34 公共服务设施（宗教活动场所）清查成果表（示例）

序号	对象分类	单位名称	单位地址	位置信息	备注
1	公共服务设施（宗教活动场所）	北京佛教居士林	北京市西城区西安门大街 129 号	经度、纬度（填报软件定位获取）	…
2	公共服务设施（宗教活动场所）	…	…	…	…
…	公共服务设施（宗教活动场所）	…	…	…	…
n	公共服务设施（宗教活动场所）	…	…	…	…

（三）内外业调查

内外业调查是公共服务设施调查的主体工作，是基于调查工作底图和清查名录，补充完善各类调查对象空间数据和调查指标信息，形成最终调查成果的重要环节。调查对象的指标信息依据公共服务设施（宗教活动场所）调查表采集；空间数据信息采集几何类型为面状空间数据。调查工作依托统一开发的全国自然灾害综合风险普查数据采集系统开展。基于不同对象空间属性信息的差异化原则，不同大类对象之间的空间范围是可重叠的。

1. 任务分工

内外业调查主要由县级应急管理部门协调各参与部门共同完成。

县级应急管理部门负责本区县所有调查工作的组织协调、人员配置、业务培训、空间数据采集及审核汇集。各参与部门负责相应调查对象的调查指标信息采集。

2. 调查流程

（1）调查指标信息采集。

县级各相关行业部门依据调查表要求组织采集调查信息，在软件中采用批量导入或逐项填报两种方式录入调查指标信息。

（2）空间数据采集。

空间数据采集包括内业采集和外业采集。县级应急管理部门组织调查员，借助全国灾害综合风险调查软件，在内业优先完成空间数据的核查修改、补充标绘和疑问标记。空间数据核查修改是指对调查图层上已有的点状空间数据进行审核，利用软件修改错误数据。空间数据补充标绘是指在调查图层上只有点状空间数据，还需要采集面状空间数据的情况，利用软件补充标绘相应的面状数据；如果调查图层上有应采未采的调查对象，应采用软件补充标绘相应的点状、面状空间数据。疑问标记是指对内业无法确认的空间数据，逐一进行标记，以待调查员外业调查。

外业空间数据采集是县级应急管理部门组织调查员开展外业调查工作，完成空间数据的现场查勘、查遗补漏和疑问标记。对调查对象进行现场查勘，尤其要对内业中有疑问标记的进行重点勘查，如果有错误，审核修正空间数据信息。查遗补漏是指对外业调查过程中发现存在应采未采的调查对象，利用软件补充采集标绘该对象的空间数据。疑问标记是指对外业调查过程中发现调查任务中有但实地无法找到的对象进行标记，报县级应急管理部门核实后予以注销。

（四）质量审核上报

按照“自下而上”的流程，省市县三级应急管理部门组织教育、卫健、民政、文旅、宣传、科技、体育、统战、商务、统计等各参与部门负责相应调查对象调查指标信息的质量核查，保证数据质量的真实性。县级还应组织乡镇（街道）、村（社区）参与质量审核工作。

质检核查工作具体按照《应急管理系统调查成果质检核查办法》执行。县级应急管理部门负责所有调查数据成果的汇总和核查，按照“各参与部门—县级应急管理局—市级应急管理局—省级应急管理厅(局)—应急管理部”的流程，将调查数据成果逐级审核、上报、汇总，形成国家级调查成果库。

二、调查表说明

（一）内容框架

公共服务设施（宗教活动场所）调查表从基本概况、人员情况、功能与服务情况、应急保障能力四个方面展开。

（二）指标体系

宗教活动场所指标体系见表3－35。

表3－35 公共服务设施（宗教活动场所）调查表

__省（自治区、直辖市）__地（市、州、盟）__县（区、市、旗）

行政区划代码：□□__□□__□□

统一社会信用代码（18位）：□□□□□□□□□□□□□□□□□□

尚未领取统一社会信用代码的填原组织机构代码□□□□□□□□－□

填报单位（盖章）：

指　标　名　称	计量单位	代码	数量
一、基本概况	—	—	
宗教活动场所名称	（文字说明）	01	
宗教活动场所详细地址	（文字说明）	02	
宗教类型	（单选）	03	
派别	（单选）	04	
场所类别	（单选）	05	
占地面积	m^2	06	
建筑面积	m^2	07	
二、人员情况	—	—	
场所教职人员数	人	08	

表 3－35（续）

指　标　名　称	计量单位	代码	数量
日常人数	人	09	
节日人数	人	10	
三、功能与服务情况	—	—	
是否含文物保护单位或历史建筑	（是/否）	11	
其中：文物保护级别	（单选）	12	
是否有省级以上非物质文化遗产	（是/否）	13	
四、应急保障能力	—	—	
安全保卫人员数量	人	14	
应急供电能力	（单选）	15	
供水方式	（单选）	16	
供暖方式	（单选）	17	
应急通信保障方式	（多选）	18	
曾经遭受过的自然灾害类型	（多选）	19	
已有自然灾害应急预案类型	（多选）	20	

单位负责人：　统计负责人：　填表人：　联系电话：　报出日期：20　年　月　日

（三）指标解释

宗教活动场所调查指标与释义见表 3－36。

表 3－36　公共服务设施（宗教活动场所）调查指标与释义

指　标　名　称	指　标　释　义
一、基本概况	—
宗教活动场所名称	宗教事务部门登记的名称
宗教活动场所详细地址	应填写所在地详细地址信息，包括所在乡镇村或街道（路）等，尽量精确到门牌号。如无具体门牌号，可按“什么街什么路交叉口，往什么方向行多少米”填写

表 3－36（续）

指 标 名 称	指 标 释 义
宗教类型（单选）	①佛教；②道教；③基督教；④伊斯兰教；⑤天主教；⑥其他
派别（单选）	①汉语系；②藏语系；③全真；④正一；⑤巴利语系；⑥其他
场所类别（单选）	①寺观教堂；②其他固定活动处所
占地面积	产权和非产权占用的土地面积。不包括农场、林场的占地面积
建筑面积	单位实际占用的产权和非产权房屋建筑面积，包括租房面积及实际使用但无产权手续的房屋建筑面积
二、人员情况	—
场所教职人员数	经过宗教团体认定，并经政府宗教事务部门备案的宗教教职人员身份，如佛教的比丘、比丘尼，道教的乾道、坤道，伊斯兰教的阿訇，天主教的主教、神甫、修士、修女，基督教的主教、牧师、长老等
日常人数	所在宗教活动场所非节日期间平均每天的人员数量
节日人数	宗教活动场所在节日期间的日最大瞬时人员数
三、功能与服务情况	—
是否含文物保护单位或历史建筑	判断是否包含文物保护单位或历史建筑。文物保护单位是指由各级人民政府公布的全国重点文物保护单位、省级文物保护单位和市县级文物保护单位，包括具有历史、艺术、科学价值的古文化遗址、古墓葬、古建筑、石窟寺和石刻、近现代重要史迹及代表性建筑等。此外，还包括尚未核定公布为文物保护单位的不可移动文物，由县级人民政府文物行政部门予以登记并公布。可与县级文物行政部门进行核实。历史建筑，是指经城市、县人民政府确定公布的具有一定保护价值，能够反映历史风貌和地方特色，未公布为文物保护单位，也未登记为不可移动文物的建筑物、构筑物，可与县级建设部门或规划部门进行核实

表 3－36（续）

指标名称	指标释义
文物保护级别（单选）	①全国重点文物保护单位；②省、自治区、直辖市级文物保护单位；③县、自治县、市级文物保护单位
是否有省级以上非物质文化遗产	判断民间信仰活动场所承载非物质文化遗产情况
四、应急保障能力	—
安全保卫人员数量	从事安全保卫工作和安全管理工作的人员，包括聘用人员
应急供电能力（单选）	用于应对意外断电事故，储备的可用大型应急发电机组等备用电源系统，可满足本机构部分或全部用电需求。这里主要指的是应急备用发电的综合能力，即若有多台发电机组，则需将所有机组功率求和后再进行选择。具体类型包括：①1～19 kW；②20～50 kW；③51～200 kW；④201～400 kW；⑤401 kW 以上；⑥无（或低于 1 kW）
供水方式	主要供水方式，可选：①网管供水；②自备水源；③无水源
其中：网管供水	即通常说的自来水，指市政供水部门通过管网将水输送至该地
自备水源	利用该地内的水窖、手压井、引泉水、大口井和机井等提供本单位或机构日常所需的饮用水
供暖方式（单选）	①集中供暖；②自备锅炉采暖；③蜂窝煤炉采暖；④煤改气供暖；⑤无供暖设施；⑥其他
应急通信保障方式（可多选）	①对讲机；②应急卫星电话；③专用通信线路；④公共通信线路（固定或移动电话）；⑤其他（请文字说明）；⑥无

表 3－36（续）

指 标 名 称	指 标 释 义
曾经遭受过的自然灾害类型（可多选）	近十年曾因自然灾害造成人员伤亡、房屋建筑和室内财产受损的自然灾害类型。具体灾种包括：①地质灾害（滑坡、泥石流、崩塌）；②地震；③洪涝；④台风；⑤风雹（雷电、大风、龙卷风、冰雹）；⑥森林草原火灾；⑦风暴潮、海啸；⑧其他灾害类型（请文字说明）；⑨无灾害记录
已有自然灾害应急预案类型（可多选）	①地质灾害（滑坡、泥石流、崩塌）应急预案；②地震灾害应急预案；③洪涝灾害应急预案；④台风灾害应急预案；⑤风雹（雷电、大风、龙卷风、冰雹）灾害应急预案；⑥森林草原火灾应急预案；⑦风暴潮、海啸应急预案；⑧其他类型自然灾害应急预案（请文字说明）；⑨无任何自然灾害应急预案

（四）逻辑关系

指标间逻辑关系主要针对部分指标填报时，后台进行自动核查的辅助作用。

表 3－35 应符合的逻辑关系为：节日人数＞日常人数。

第九节 大型超市、百货店和亿元以上商品交易市场

一、基本流程

大型超市、百货店和亿元以上商品交易市场调查的基本流程包括明确调查范围与清查对象、清查成果汇总录入、内外业调查、质量审核上报等环节。

（一）明确调查范围与清查对象

1. 填报范围

主要包括有店铺的零售业大型超市、百货店和亿元以上商品交易市场。可包括 1000 ~ 6000 m^2 的大型超市、百货店，不包括小于 1000 m^2 的超市和百货店。

（1）大型超市：实际营业面积 6000m^2 以上，品种齐全，满足顾客一次性购齐的零售业态。根据商品结构，可以分为以经营食品为主的大型超市和以经营日用品为主的大型超市。对于实际营业面积 1000 ~ 6000 m^2 的上述零售业态超市作为自选调查范围。

（2）百货店：在一个建筑物内，实际营业面积 6000 m^2 以上，经营若干大类商品，实行统一管理，分区销售，满足顾客对时尚商品多样化选择需求的零售业态。对于实际营业面积 1000 ~ 6000 m^2 的上述百货店作为自选调查范围。

（3）亿元以上商品交易市场：商品交易市场指经有关部门和组织批准设立，有固定场所、设施，有经营管理部门和监管人员，若干市场经营者入内，常年或实际开业 3 个月以上，集中、公开、独立地进行生活消费品、生产资料等现货商品交易以及提供相关服务的交易场所，包括各类消费品市场、生产资料市场等。亿元以上商品交易市场指年成交额在亿元及以上的商品交易市场。

2. 填报主体

填报主体为大型超市、百货和亿元以上商品交易市场。

3. 其他注意事项

单位负责人，指调查对象主体的单位法定代表人或者法律、行政法规规定代表单位行使职权的主要负责人，主要把关调查表中所填报数据的真实性。统计负责人，指本调查表所涉及的行业主管部门中，对本调查表进行质量核查的质检人员；如涉及多个行业主管部门，则指县级应急管理部门中开展或对接此项调查任务的技术负责人。填表人，指本调查表的具体填报人。

4. 摸清调查对象工作量

结合统计年鉴、普查区域行业年报、相关部门专业管理系统等资料，摸清调查对象总数量，结合清查底图初步判断清查对象工作量。

（二）清查成果汇总录入

县级应急管理部门协调县级部门，开展清查数据的录入和审核汇总工作。

1. 数据录入

数据录入采用批量导入和逐项填报两种方式。将清查指标录入系统，系统根据输入的地址信息或者经纬度信息识别清查对象的空间点位，系统无法自动识别的位置信息，可以手动进行修正。清查阶段，空间点位信息采集清查对象的最大外边界范围内的任一点位均可。属于调查范围内的调查对象须形成清查成果表，属性字段见表3－37。

表3－37 公共服务设施（大型超市、百货店和亿元以上商品交易市场）清查属性表

序号	指标名称	填报信息
1	对象分类	公共服务设施（大型超市、百货店和亿元以上商品交易市场）
2	单位名称	必填项，单位名称必须采用法人登记名称。 例如：北京118大型超市
3	单位地址	必填项，填写详细地址信息，包括所在省、市、县、乡镇、街，精确到门牌号。 例如：北京市丰台区阅园一区2号楼
4	位置信息	必填项，采集点矢量空间数据，空间数据附带位置信息

2. 审核汇总

县级应急管理部门对填报的清查数据进行质量审核，数据审核通过，依托系统提交至上级应急管理部门审核；数据审核未通过，数据需返回上报部门进行修正后再提交。应急管理部对各省提交的数据进行质量检查和汇总，形成清查成果。清查成果包括全国清查对象图层（普查工作底图）和全国清查数据（普查对象目录）。清查成果表示例见表3－38。

表3－38　公共服务设施（大型超市、百货店和亿元以上商品交易市场）清查成果表（示例）

序号	对象分类	单位名称	单位地址	位置信息	备注
1	公共服务设施（大型超市、百货店和亿元以上商品交易市场）	北京118大型超市	北京市丰台区阅园一区2号楼	经度、纬度（填报软件定位获取）	…
2	公共服务设施（大型超市、百货店和亿元以上商品交易市场）	…	…	…	…
…	公共服务设施（大型超市、百货店和亿元以上商品交易市场）	…	…	…	…
n	公共服务设施（大型超市、百货店和亿元以上商品交易市场）	…	…	…	…

（三）内外业调查

内外业调查是公共服务设施调查的主体工作，是基于调查工作底图和清查名录，补充完善各类调查对象空间数据和调查指标信息，形成最终调查成果的重要环节。调查对象的指标信息依据公共服务设施（大型超市、百货店和亿元以上商品交易市场）调查表采集；空间数据信息采集几何类型为面状空间数据。调查工作依托统一开发的全国自然灾害综合风险普查数据采集系统开展。基于不同对象空间属性信息的差异化原则，不同大类对象之间的空间范围是可重叠的。

1. 任务分工

内外业调查主要由县级应急管理部门协调各参与部门共同完成。县级应急管理部门负责本区县所有调查工作的组织协调、人员配置、业务培训、空间数据采集及审核汇集。各参与部门负责相应调查对象的调查指标信息采集。

2. 调查流程

（1）调查指标信息采集。

县级各相关行业部门依据调查表要求组织采集调查信息，在软件中采用批量导入或逐项填报两种方式录入调查指标信息。

（2）空间数据采集。

空间数据采集包括内业采集和外业采集。县级应急管理部门组织调查员，借助全国灾害综合风险调查软件，在内业优先完成空间数据的核查修改、补充标绘和疑问标记。空间数据核查修改是指对调查图层上已有的点状空间数据进行审核，利用软件修改错误数据。空间数据补充标绘是指在调查图层上只有点状空间数据，还需要采集面状空间数据的情况，利用软件补充标绘相应的线状和面状数据；如果调查图层上有应采未采的调查对象，应采用软件补充标绘相应的点状、面状空间数据。疑问标记是指对内业无法确认的空间数据，逐一进行标记，以待调查员外业调查。

外业空间数据采集是县级应急管理部门组织调查员开展外业调查工作，完成空间数据的现场查勘、查遗补漏和疑问标记。对调查对象进行现场查勘，尤其要对内业中有疑问标记的进行重点勘查，如果有错误，审核修正空间数据信息。查遗补漏是指对外业调查过程中发现存在应采未采的调查对象，利用软件补充采集标绘该对象的空间数据。疑问标记是指对外业调查过程中发现调查任务中有但实地无法找到的对象进行标记，报县级应急管理部门核实后予以注销。

（四）质量审核上报

按照“自下而上”的流程，省市县三级应急管理部门组织教育、卫健、民政、文旅、宣传、科技、体育、统战、商务、统计等各参与部门负责相应调查对象调查指标信息的质量核查，保证数据质量的真实性。县级还应组织乡镇（街道）、村（社区）参与质量审核工作。质检核查工作具体按照《应急管理系统调查成果质检核查办法》执行。县级应急管理部门负责所有调查数据成果的汇总和核查，按照“各参与部门—县级应急管理局—市级应急管理局—省级应急管理厅（局）—应急管理部”的流程，将调查数据成果逐级审核、上报、汇总，形成国家级调查成果库。

二、调查表说明

（一）内容框架

公共服务设施（大型超市、百货店和亿元以上商品交易市场）调查表从基本情况概况、人员情况、服务功能与服务情况、减灾应急保障能力等四个方面展开。

（二）指标体系

大型超市、百货店和亿元以上商品交易市场指标体系见表3－39。

表3－39　公共服务设施（大型超市、百货店和亿元以上商品交易市场）调查表

__省（自治区、直辖市）__地（市、州、盟）__县（区、市、旗）

行政区划代码：□□__□□__□□

统一社会信用代码（18位）：□□□□□□□□□□□□□□□□□□

尚未领取统一社会信用代码的填原组织机构代码□□□□□□□□－□

填报单位（盖章）：

指标名称	计量单位	代码	数量
一、基本概况	—	—	
大型超市、百货店和亿元以上商品交易市场名称	（文字说明）	01	
大型超市、百货店和亿元以上商品交易市场详细地址	（文字说明）	02	
商业类型	（单选）	03	

表 3 - 39（续）

指 标 名 称	计量单位	代码	数量
占地面积	m^2	04	
建筑面积	m^2	05	
营业面积	m^2	06	
二、人员情况	—	—	
年末从业人数	人	07	
日最大人流量	人	08	
三、功能与服务情况	—	—	
摊位数	个	09	
年主营业务收入	万元	10	
若为亿元以上商品交易市场	—	—	
其中：市场类别（大类）	（单选）	11	
市场类别（中类）	（单选）	12	
四、应急保障能力	—	—	
安全保卫人员数量	人	13	
应急供电能力	（单选）	14	
供水方式	（单选）	15	
供暖方式	（单选）	16	
应急通信保障方式	（多选）	17	
曾经遭受过的自然灾害类型	（多选）	18	
已有自然灾害应急预案类型	（多选）	19	

单位负责人： 统计负责人： 填表人： 联系电话： 报出日期：20 年 月 日

（三）指标解释

大型超市、百货店和亿元以上商品交易市场调查指标与释义见表 3 - 40。

表 3－40　公共服务设施（大型超市、百货店和亿元以上商品交易市场）调查指标与释义

指　标　名　称	指　标　释　义
一、基本概况	—
大型超市、百货店和亿元以上商品交易市场名称	在国家市场监督管理总局登记的企业或市场全称。如有常用名，则以“名称＋（常用名）”填报
大型超市、百货店和亿元以上商品交易市场详细地址	应填写所在地详细地址信息，包括所在乡镇村或街道（路）等，尽量精确到门牌号。如无具体门牌号，可按“什么街什么路交叉口，往什么方向行多少米”填写
商业类型（单选）	①大型超市；②百货店；③亿元以上商品交易市场
占地面积	产权和非产权占用的土地面积。不包括农场、林场的占地面积
建筑面积	单位实际占用的产权和非产权房屋建筑面积，包括租房面积及实际使用但无产权手续的房屋建筑面积
营业面积	用于大型超市、百货店批发、零售，或商品交易市场经营的营业面积，不包括其办公用房、仓库和加工场地
二、人员情况	—
年末从业人数	大型超市从业人员数或百货店、亿元以上商品交易市场从业人员数
其中：大型超市从业人员数	在门店工作并取得劳动报酬的年末实有人员数。包括在岗职工、再就业的离退休人员、在该企业工作的兼职人员、借用的外单位人员和第二职业者。不包括离开本单位但仍保留劳动关系的职工
百货店、亿元以上商品交易市场从业人员数	市场所有摊位经营人员及与市场管理相关的各类从业人员总数。包括在岗职工、再就业的离退休人员、在该企业工作的兼职人员、借用的外单位人员和第二职业者。不包括离开本单位但仍保留劳动关系的职工
日最大人流量	单日最大人流量

表 3－40（续）

指标名称	指标释义
三、功能与服务情况	—
摊位数	百货店和亿元以上商品交易市场设计摊位数，大型超市摊位数填“0”
年主营业务收入	主营业务收入指企业确认的销售商品、提供劳务等主营业务的收入
市场类别（大类）（单选）	根据商品交易市场经营商品类别进行分类，包括：①综合市场；②专业市场
其中：综合市场（单选）	①生产资料综合市场；②工业消费品综合市场；③农产品综合市场；④其他综合市场
其中：生产资料综合市场	经营两类或两类以上生产资料的交易市场，包括工业生产资料交易市场、农业生产资料交易市场，交易对象主要是生产经营者，市场内摊位成交额主要集中在生产资料商品
工业消费品综合市场	经营两类及两类以上工业消费品的交易市场，交易对象主要是商品使用者和消费者，市场内摊位主要经营食品、服装、日用品等商品
农产品综合市场	经营两类及两类以上农产品的交易市场，交易对象主要是商品使用者和消费者
其他综合市场	以上未列明综合性现货商品交易市场。如果市场中农产品和工业品混杂经营，成交额难以分清主次的，市场类别应为其他综合市场
专业市场（单选）	①生产资料市场；②农产品市场；③食品、饮料及烟酒市场；④纺织、服装、鞋帽市场；⑤日用品及文化用品市场；⑥黄金、珠宝、玉器等首饰市场；⑦电器、通信器材、电子设备市场；⑧医药、医疗用品及器材市场；⑨家具、五金及装饰材料市场；⑩汽车、摩托车及零配件市场；⑪花、鸟、鱼、虫市场；⑫其他专业市场

表 3-40（续）

指标名称	指标释义
其中：生产资料市场	包括农业生产用具市场、农用生产资料市场、煤炭市场、木材市场、建材市场、化工材料及制品市场、金属材料市场、机械设备市场、其他生产资料市场
农产品市场	包括粮油市场、肉禽蛋市场、水产品市场、蔬菜市场、干鲜果品市场、棉麻土畜、烟叶市场、其他农产品市场
食品、饮料及烟酒市场	包括食品饮料市场；茶叶市场；烟酒市场；其他食品饮料及烟酒市场
纺织、服装、鞋帽市场	包括布料及纺织品市场；服装市场；鞋帽市场；其他纺织服装鞋帽市场
日用品及文化用品市场	包括小商品市场；箱包市场；玩具市场；文具市场；图书、报纸杂志市场；音像制品及电子出版物市场；体育用品市场；其他日用品及文化用品市场
黄金、珠宝、玉器等首饰市场	主要经营黄金、珠宝、玉器等首饰的交易市场
电器、通信器材、电子设备市场	具体指家电市场；通信器材市场；照相、摄像器材市场；计算机及辅助设备市场；其他电器、通信器材、电子设备市场
医药、医疗用品及器材市场	包括中药材市场；其他医药、医疗用品及器材市场
家具、五金及装饰材料市场	包括家具市场；装饰材料市场；灯具市场；厨具、盥洗设备市场；五金材料市场；其他装修市场
汽车、摩托车及零配件市场	包括汽车市场；摩托车市场；机动车零配件市场
花、鸟、鱼、虫市场	包括花卉市场；鸟市场；观赏鱼市场；其他花鸟鱼虫市场
旧货市场	包括古玩、古董、字画市场；邮票、硬币市场；其他旧货市场

表 3 - 40（续）

指 标 名 称	指 标 释 义
四、应急保障能力	—
安全保卫人员数量	从事安全保卫工作和安全管理工作的人员，包括聘用人员
应急供电能力（单选）	用于应对意外断电事故，储备的可用大型应急发电机组等备用电源系统，可满足本机构部分或全部用电需求。这里主要指的是应急备用发电的综合能力，即若有多台发电机组，则需将所有机组功率求和后再进行选择。具体类型包括：①1 ~ 19 kW；②20 ~ 50 kW；③51 ~ 200 kW；④201 ~ 400 kW；⑤401 kW 以上；⑥无（或低于 1 kW）
供水方式	主要供水方式，可选：①网管供水；②自备水源；③无水源
其中：网管供水	即通常说的自来水，指市政供水部门通过管网将水输送至该地
自备水源	利用该地内的水窖、手压井、引泉水、大口井和机井等提供本单位或机构日常所需的饮用水
供暖方式（单选）	①集中供暖；②自备锅炉采暖；③蜂窝煤炉采暖；④煤改气供暖；⑤无供暖设施；⑥其他
应急通信保障方式（可多选）	①对讲机；②应急卫星电话；③专用通信线路；④公共通信线路（固定或移动电话）；⑤其他（请文字说明）；⑥无
曾经遭受过的自然灾害类型（可多选）	近十年曾因自然灾害造成人员伤亡、房屋建筑和室内财产受损的自然灾害类型。具体灾种包括：①地质灾害（滑坡、泥石流、崩塌）；②地震；③洪涝；④台风；⑤风雹（雷电、大风、龙卷风、冰雹）；⑥森林草原火灾；⑦风暴潮、海啸；⑧其他灾害类型（请文字说明）；⑨无灾害记录

表 3－40（续）

指 标 名 称	指 标 释 义
已有自然灾害应急预案类型（可多选）	①地质灾害（滑坡、泥石流、崩塌）应急预案；②地震灾害应急预案；③洪涝灾害应急预案；④台风灾害应急预案；⑤风雹（雷电、大风、龙卷风、冰雹）灾害应急预案；⑥森林草原火灾应急预案；⑦风暴潮、海啸应急预案；⑧其他类型自然灾害应急预案（请文字说明）；⑨无任何自然灾害应急预案

（四）逻辑关系

指标间逻辑关系主要针对部分指标填报时，后台进行自动核查的辅助作用。

表 3－39 应符合的逻辑关系为年末从业人数＞安全保卫人数。

第十节　县域基础指标统计

一、基本流程

县域基础指标统计的基本流程包括明确调查对象与调查范围、内外业调查、质量审核上报环节。

（一）明确调查对象与调查范围

1. 填报范围

县（区、市、旗）级行政单元数据来源须为统计部门或各级调查队提供的统计数据，并保证数据来源的权威性。

2. 填报主体

填报主体为统计部门。

3. 其他注意事项

凡是表列计量单位为万元/t 的指标，小数点后保留两位小数；计量单位为元/kg/公顷/辆/台/头(只)的指标，不保留小数。单位负责人，指调查对象主体的单位法定代表人或者法律、行政法规规定代表单位行使职权的主要负责人，主要把关调查表中所填报数据的真实性。统计负责人，指本调查表所涉及的行业主管部门中，对本调查表进行质量核查的质检人员；如涉及多个行业主管部门，则指县级应急管理部门中开展或对接此项调查任务的技术负责人。填表人，指本调查表的具体填报人。

（二）内外业调查

内外业调查是公共服务设施调查的主体工作，是基于调查工作底图和清查名录，补充完善各类调查对象空间数据和调查指标信息，形成最终调查成果的重要环节。调查对象的指标信息依据县域基础指标统计表采集。调查工作依托统一开发的全国自然灾害综合风险普查数据采集系统开展。

1. 任务分工

内外业调查主要由县级应急管理部门协调各参与部门共同完成。县级应急管理部门负责本区县所有调查工作的组织协调、人员配置、业务培训、空间数据采集及审核汇集。各参与部门负责相应调查对象的调查指标信息采集。

2. 调查流程

县级各相关行业部门依据调查表要求组织采集调查信息，在软件中采用批量导入或逐项采集填报两种方式录入调查指标信息。

（三）质量审核上报

按照“自下而上”的流程，省市县三级应急管理部门组织教育、卫健、民政、文旅、宣传、科技、体育、统战、商务、统计等各参与部门负责相应调查对象调查指标信息的质量核查，保证数据质量的真实性。县级还应组织乡镇（街道）、村（社区）参与质量审核工作。质检核查工作具体按照《应急管理系统调查成果质检核查办法》执行。县级应急管理部门负责所有调查数据成果的汇总和核查，按照“各参与部门—县级应急管理局—市级应急管理局—省级应急管理厅（局）—应急管理部”的流程，将调查数据成果逐级审核、上报、汇总，形成国家级调查成果库。

二、调查表说明

（一）内容框架

基础指标统计表从地区生产总值、农业两个方面展开。

（二）指标体系

县域基础指标体系见表3－41。

表3－41　县域基础指标统计表

__省(自治区、直辖市)__地(市、州、盟)__县(区、市、旗)

行政区划代码：□□_ □□_ □□填报单位（盖章）：

指　标　名　称	计量单位	代码	数量
一、地区生产总值	亿元	01	
其中：第一产业增加值	亿元	02	
第二产业增加值	亿元	03	
第三产业增加值	亿元	04	
人均地区生产总值	元	05	
近30年历年全社会固定资产投资总额	万元	06	
地方财政一般预算收入	万元	07	
地方财政一般预算支出	万元	08	
居民人均可支配收入	元	09	
城镇居民人均可支配收入	元	10	
农村居民人均可支配收入	元	11	
社会消费品零售总额	万元	12	
民用汽车拥有量	辆	13	

表 3－41（续）

指 标 名 称	计量单位	代码	数量
电话普及率（包括移动电话）	%	14	
二、农业	—	—	
耕地面积	公顷	15	
粮食产量	t	16	
小麦播种面积	公顷	17	
玉米播种面积	公顷	18	
水稻播种面积	公顷	19	
小麦产量	t	20	
玉米产量	t	21	
水稻产量	t	22	
小麦单位面积产量	kg	23	
玉米单位面积产量	kg	24	
水稻单位面积产量	kg	25	
大牲畜数量	头（只）	26	
水产品产量	t	27	
主要农业机械拥有量	台	28	
农林牧渔业产值	万元	29	

单位负责人： 统计负责人： 填表人： 联系电话： 报出日期：20 年 月 日

（三）指标解释

县域基础指标与释义见表 3－42。

表 3－42　县域基础指标统计指标与释义

指标名称	指标释义
一、地区生产总值	—
地区生产总值（GDP）	也称国内生产总值，指一个国家所有常住单位在一定时期内生产活动的最终成果。国内生产总值有三种表现形态，即价值形态、收入形态和产品形态。从价值形态看，它是所有常住单位在一定时期内生产的全部货物和服务价值与同期投入的全部非固定资产货物和服务价值的差额，即所有常住单位的增加值之和；从收入形态看，它是所有常住单位在一定时期内创造的各项收入之和，包括劳动者报酬、生产税净额、固定资产折旧和营业盈余；从产品形态看，它是所有常住单位在一定时期内最终使用的货物和服务价值与货物和服务净出口价值之和。在实际核算中，国内生产总值有三种计算方法，即生产法、收入法和支出法。三种方法分别从不同的方面反映国内生产总值及其构成。对于一个地区来说，称为地区生产总值或地区 GDP
第一产业增加值	按市场价格计算的一个国家（或地区）所有常住单位在一定时期内从事第一产业生产活动的最终成果。第一产业是指农、林、牧、渔业（不含农、林、牧、渔服务业）
第二产业增加值	按市场价格计算的一个国家（或地区）所有常住单位在一定时期内从事第二产业生产活动的最终成果。第二产业是指采矿业（不含开采辅助活动），制造业（不含金属制品、机械和设备修理业），电力、热力、燃气及水生产和供应业，建筑业
第三产业增加值	按市场价格计算的一个国家（或地区）所有常住单位在一定时期内从事第三产业生产活动的最终成果。第三产业是指除第一、二产业以外的其他行业
人均地区生产总值	年度地区生产总值与地区常住人口相比计算得到人均地区生产总值

表 3-42（续）

指标名称	指标释义
近 30 年历年全社会固定资产投资总额	按上级统计部门确定的统计口径，记录的历年当年价记录的年度固定资产投资总额，包含 30 项值。全社会固定资产投资是以货币形式表现的在一定时期内全社会建造和购置固定资产的工作量以及与此有关的费用的总称。该指标是反映固定资产投资规模、结构和发展速度的综合性指标，又是观察工程进度和考核投资效果的重要依据。全社会固定资产投资按登记注册类型可分为国有、集体、联营、股份制、私营和个体、港澳台商、外商、其他等。部分年份若无统计资料，填写为“0”
地方财政一般预算收入	包括增值税、营业税、企业所得税、个人所得税、资源税、城市维护建设税、房产税、印花税、城镇土地使用税、土地增值税、车船税、耕地占用税、契税、烟草税、其他各项税收等税收收入和专项收入、行政事业性收费收入、罚没收入、国有资本经营收入、国有资源（资产）有偿使用收入、其他收入等非税收入
地方财政一般预算支出	包括一般公共服务、国防、公共安全、教育、科学技术、文化体育与传媒、社会保障就业、医疗卫生、环境保护、城乡社区事务、农林水事务、交通运输等方面的支出
居民人均可支配收入	居民可用于最终消费支出和储蓄的总和，即居民可用于自由支配的收入
城镇居民人均可支配收入	城镇居民可用于最终消费支出和储蓄的总和，即城镇居民可用于自由支配的收入。
农村居民人均可支配收入	农村居民可用于最终消费支出和储蓄的总和，即农村居民可用于自由支配的收入
社会消费品零售总额	社会消费品零售总额指企业（单位、个体户）通过交易直接售给个人、社会集团非生产、非经营用的实物商品金额，以及提供餐饮服务所取得的收入金额。个人包括城乡居民和入境人员，社会集团包括机关、社会团体、部队、学校、企事业单位、居委会或村委会等

表 3－42（续）

指 标 名 称	指 标 释 义
民用汽车拥有量	报告期末，在公安交通管理部门按照《机动车注册登记工作规范》，已注册登记领有民用车辆牌照的全部汽车数量。汽车拥有量统计的主要分类：根据汽车结构分为载客汽车、载货汽车及其他汽车；根据汽车所有者不同分为个人（私人）汽车、单位汽车；根据汽车的使用性质分为营运汽车、非营运汽车；根据汽车大小规格不同，载客汽车分为大型、中型、小型和微型，载货汽车分为重型、中型、轻型和微型
电话普及率（包括移动电话）	报告期行政区域总人口中，平均每百人拥有的话机数。计算公式：电话普及率＝[电话机总数(部)/行政区域总人口数(人)]×100%
二、农业	—
耕地面积	耕地指种植农作物的土地，包括熟地，新开发、复垦、整理地，休闲地（含轮歇地、轮作地）；以种植农作物（含蔬菜）为主，间有零星果树、桑树或其他树木的土地；平均每年能保证收获一季的已垦滩地和海涂。耕地中包括南方宽度＜1.0 m，北方宽度＜2.0 m 固定的沟、渠、路和地坎（埂）；临时种植药材、草皮、花卉、苗木等的耕地，以及其他临时改变用途的耕地
粮食产量	农业生产经营者日历年度内生产的全部粮食数量。按收获季节包括夏收粮食、早稻和秋收粮食，按作物品种包括谷物、薯类和豆类
小麦播种面积	农业生产经营者应在日历年度内收获农作物在全部土地（耕地或非耕地）上的小麦播种或移植面积
玉米播种面积	农业生产经营者应在日历年度内收获农作物在全部土地（耕地或非耕地）上的玉米播种或移植面积
水稻播种面积	农业生产经营者应在日历年度内收获农作物在全部土地（耕地或非耕地）上的水稻播种或移植面积
小麦产量	年度小麦产量

表 3－42（续）

指标名称	指标释义
玉米产量	年度玉米产量
水稻产量	年度水稻产量
小麦单位面积产量	单位面积上农业生产经营者日历年度内生产的全部小麦数量
玉米单位面积产量	单位面积上农业生产经营者日历年度内生产的全部玉米数量
水稻单位面积产量	单位面积上农业生产经营者日历年度内生产的全部水稻数量
大牲畜数量	大牲畜即大家畜，体型较大，须饲养 2～3 年以上才发育成熟的牲畜，如马、牛、驴、骡、骆驼等。具体指各类大牲畜的总数量
水产品产量	渔业（捕捞和养殖）生产活动的最终有效成果，包括全部海水和淡水鱼类、甲壳类（虾、蟹）、贝类、头足类、藻类和其他类渔业产品的最终产量
主要农业机械拥有量	农业生产单位实际拥有的各种农业机械设备的数量。包括专门用于农业（农、林、牧、副、渔业）生产的和以农业生产为主进行综合利用的机械设备，以及正在使用的，需要修复的（指大修、中修）和储存备用的设备，但不包括已经损坏报废的、购买尚未提货的以及其他单位支援借用的设备
农林牧渔业产值	以货币表现的农、林、牧、渔业全部产品和对农林牧渔业生产活动进行的各种支持性服务活动的价值总量，它反映一定时期内农林牧渔业生产总规模和总成果

（四）逻辑关系

指标间逻辑关系主要针对部分指标填报时，后台进行自动核查的辅助作用。

表3－41应符合下列逻辑关系：

（1）地区生产总值＝第一产业增加值＋第二产业增加值＋第三产业增加值。

（2）小麦产量＋玉米产量＋水稻产量≤粮食产量。

第十一节　乡（镇）基础指标统计

一、基本流程

乡（镇）社会经济情况统计的基本流程包括明确调查对象与调查范围、内外业调查、质量审核上报环节。

（一）明确调查对象与调查范围

1. 填报范围

由县级政府组织统计，农业等相关部门填写，调查尺度到乡镇行政单元。

2. 填报主体

填报主体为统计部门。

3. 其他注意事项

（1）区划代码根据普查确定的代码执行。

（2）单位负责人，指调查对象主体的单位法定代表人或者法律、行政法规规定代表单位行使职权的主要负责人，主要把关调查表中所填报数据的真实性。统计负责人，指本调查表所涉及的行业主管部门中，对本调查表进行质量核查的质检人员；如涉及多个行业主管部门，则指县级应急管理部门中开展或对接此项调查任务的技术负责人。填表人，指本调查表的具体填报人。

（二）内外业调查

内外业调查是公共服务设施调查的主体工作，是基于调查工作底图和清查名录，补充完善各类调查对象空间数据和调查指标信息，形成最终调查成果的重要环节。调查对象的指标信息依据乡（镇）基础指标统计表采集；空间数据信息采集几何类型为面状空间数据。调查工作依托统一开发的全国自然灾害综合风险普查数据采集系统开展。

1. 任务分工

内外业调查主要由县级应急管理部门协调各参与部门共同完成。县级应急管理部门负责本区县所有调查工作的组织协调、人员配置、业务培训、空间数据采集及审核汇集。各参与部门负责相应调查对象的调查指标信息采集。

2. 调查流程

县级各相关行业部门依据调查表要求组织采集相应信息，在软件中采用批量导入或逐项填报两种方式录入调查指标信息。

（三）质量审核上报

按照“自下而上”的流程，省市县三级应急管理部门组织教育、卫健、民政、文旅、宣传、科技、体育、统战、商务、统计等各参与部门负责相应调查对象调查指标信息的质量核查，保证数据质量的真实性。县级还应组织乡镇（街道）、村（社区）参与质量审核工作。质检核查工作具体按照《应急管理系统调查成果质检核查办法》执行。县级应急管理部门负责所有调查数据成果的汇总和核查，按照“各参与部门—县级应急管理局—市级应急管理局—省级应急管理厅（局）—应急管理部”的流程，将调查数据成果逐级审核、上报、汇总，形成国家级调查成果库。

二、调查表说明

（一）内容框架

基础指标统计表从主要农作物播种面积、行政区域面积两个方面展开。

（二）指标体系

乡（镇）基础指标体系见表 3－43。

表3-43 乡（镇）基础指标统计表

__省(自治区、直辖市)__地(市、州、盟)__县(区、市、旗)__乡(镇、街道、苏木)

行政区划代码：□□__□□__□□

填报单位（盖章）：

指 标 名 称	计量单位	代码	数量
一、主要农作物播种面积	—	—	
农作物总播种面积	公顷	01	
小麦播种面积	公顷	02	
玉米播种面积	公顷	03	
水稻播种面积	公顷	04	
二、行政区域面积	—	—	
行政区域面积	公顷	05	

单位负责人：　统计负责人：　填表人：　联系电话：　报出日期：20　年　月　日

（三）指标解释

乡（镇）基础指标与释义见表3-44。

表3-44 乡（镇）基础指标统计指标与释义

指 标 名 称	指 标 释 义
一、主要农作物播种面积	—
农作物播种面积	农业生产经营者应在日历年度内收获农作物在全部土地（耕地或非耕地）上的播种或移植面积。凡是本年内收获的农作物，无论是本年还是上年播种，都算为播种面积，但不包括本年播种，下年收获的农作物面积
二、行政区域面积	—
行政区域面积	辖区内的全部陆地面积和水域面积。包括耕地、荒山、荒地、山林、草原、滩涂、道路和建筑物占地等陆地面积，以及河流、湖泊、水库等水域面积

（四）逻辑关系

指标间逻辑关系主要针对部分指标填报时，后台进行自动核查的辅助作用。

表3－43应符合的逻辑关系为农作物总播种面积≥小麦播种面积＋玉米播种面积＋水稻播种面积。

第四章 示 范 示 例

本章以“大会战”试点北京市房山区开展的公共服务设施调查过程为例，针对摸清清查底数、具体对象清查案例和普查数据统计汇总三个关键调查节点质量控制进行示范示例。

第一节 摸清清查底数

基于《北京市房山区统计年鉴2019》，分别汇总9类对象数量，见表4－1，作为清查对象总量底数的参考，初步判断医疗卫生机构和公共文化场所清查的对象不全。有了这个依据，就可以要求教育部门和文旅部门重新核对清查成果，根据情况补充被遗漏的清查对象和信息。

表4－1 基于2019年统计年鉴的公共服务设施对象数量底数参考表

序号	调查对象小类	填报总量/处	年 鉴 描 述	总数量/处	定性判断
1	学校	348	全区有中等教育学校57所、中等职业学校8所、小学108所、幼儿园117所、特殊教育学校1所	291	重点核实
2	医疗卫生机构	33	全区医疗卫生机构达到950个，其中医院34所、社区卫生服务中心24所	58	重点核实
3	提供住宿的社会服务机构	48	各类收养性社会福利单位49家	49	通过
4	公共文化场所	9	全区共有公共图书馆2个、艺术表演场馆4个、博物馆4个、区级以上重点文物保护单位91处	10	重点核实

表 4－1（续）

序号	调查对象小类	填报总量/处	年 鉴 描 述	总数量/处	定性判断
5	旅游景区	25	全区 A 级及以上旅游景区（点）21 家	21	通过
6	星级饭店	27	星级饭店 17 个	17	通过
7	体育场馆	3	体育场 2 个、经营性游泳馆 17 个	19	通过
8	宗教活动场所	11	在国家宗教事务局网站上查到 6 处	6	通过
9	大型超市、百货店和亿元以上商品交易市场	17	—		通过
10	县域基础指标统计表	1	—		通过
11	乡（镇）基础指标统计表调查表	1	—		通过

初步识别医疗卫生机构和公共文化场所的数量上可能存在质量问题，该问题反馈给房山区相关调查部门后，需经过仔细核对并反馈或进行补充调查，以排除质量疑虑。

第二节　具体对象清查案例

一、公共服务设施（学校）普查示例

（一）清查示例

基于技术规范第二章第二节流程进行清查，得到的清查成果见表 4－2。

表4-2 公共服务设施（学校）清查成果表（示例）

序号	对象分类	单位名称	单位地址	位置信息	统一社会信用代码	学校（机构）标识码	备注
1	公共服务设施（学校）	北京市房山区燕山迎风幼儿园	北京市房山区燕山迎风二里16号	××.××××××	12110111560380881A	1111000784	…
2	公共服务设施（学校）	首都师范大学（良乡校区）	北京市房山区良乡高教园区白杨东路1号	××.××××××	121100004006874031	4111010028	…
3	公共服务设施（学校）	北京工商大学（良乡校区）	北京市房山区良乡高教园区阳光南大街	××.××××××	121100004006906889	4111010011	…
4	公共服务设施（学校）	北京市燕山星城中学	北京市房山区燕化星城健德三里34号	××.××××××	12110111400913386L	3111000322	…
5	公共服务设施（学校）	中国社会科学院大学（良乡校区）	北京市房山区长于大街11号	××.××××××	121000004000107779	4111014596	…
…	公共服务设施（学校）	…	…	…	…	…	…
n	公共服务设施（学校）	…	…	…	…	…	…

（二）调查示例

基于技术规范第三章第一节基本流程进行调查，得到调查对象的空间位置和灾害属性信息，成果汇总表见表4－3。

表4－3 公共服务设施（学校）调查成果汇总表（示例）

名称	地址	经度	纬度	学校（机构）办学类型（大类）	学校（机构）办学类型（中类）	…
（文字说明）	（文字说明）	—	—	（单选）	（单选）	…
北京市房山区燕山成人教育中心	北京市房山区燕房路44号	××.××××××	××.××××××	高等教育	成人高等学校	…
ABC英语艺术实验幼儿园	北京市房山区拱辰街道东关88号	××.××××××	××.××××××	基础教育	幼儿园	…
佛子庄乡中心小学	北京市房山区佛子庄乡东班各庄村	××.××××××	××.××××××	基础教育	小学	…
安琪尔美语幼儿园	北京市房山区西潞街道南尚岗村	××.××××××	××.××××××	基础教育	幼儿园	…
大宁学校	北京市房山区长阳镇大宁山庄小区	××.××××××	××.××××××	基础教育	初级中学	…
河北镇磁家务小学	北京市房山区河北镇河南村	××.××××××	××.××××××	基础教育	小学	…
琉璃河镇务滋完全小学	北京市房山区琉璃河镇务滋村	××.××××××	××.××××××	基础教育	小学	…

表 4－3（续）

名　称	地　址	经度	纬度	学校（机构）办学类型（大类）	学校（机构）办学类型（中类）	…
北京师范大学燕化附属中学向阳校区	北京市房山区燕山工体街68号（向阳校区）	xx. xxxxxx	xx. xxxxxx	基础教育	高级中学	…
启明星幼儿园	北京市房山区长阳镇朱岗子村二区27号	xx. xxxxxx	xx. xxxxxx	基础教育	幼儿园	…

（三）调查成果演示

公共服务设施（学校）调查成果空间位置如图 4－1 所示，属性

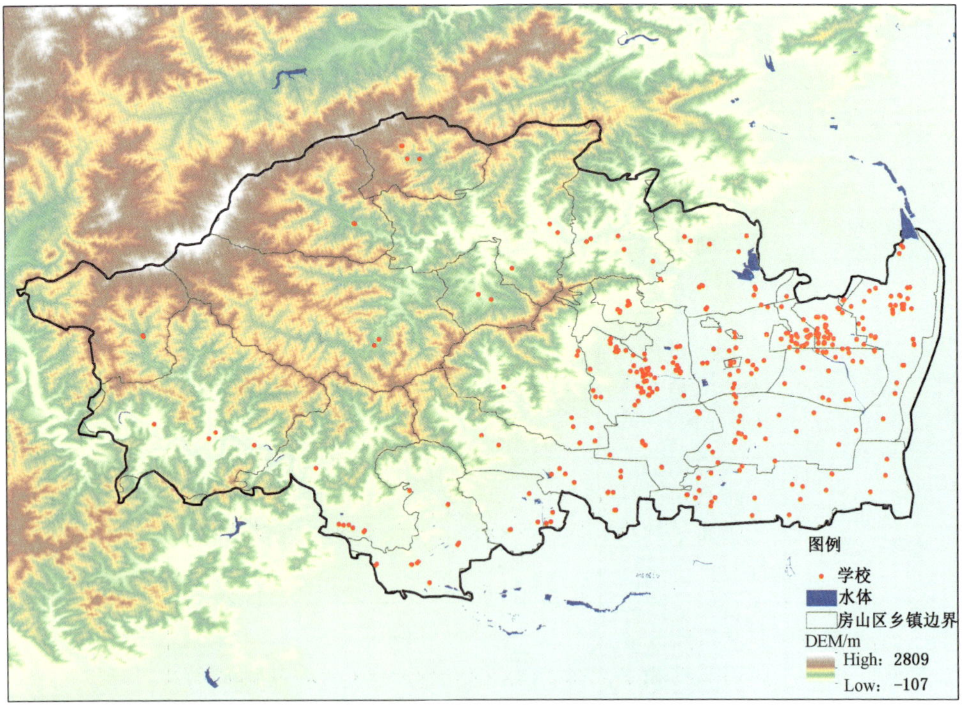

图 4－1　各级各类学校空间位置图

信息如图 4－2 所示。

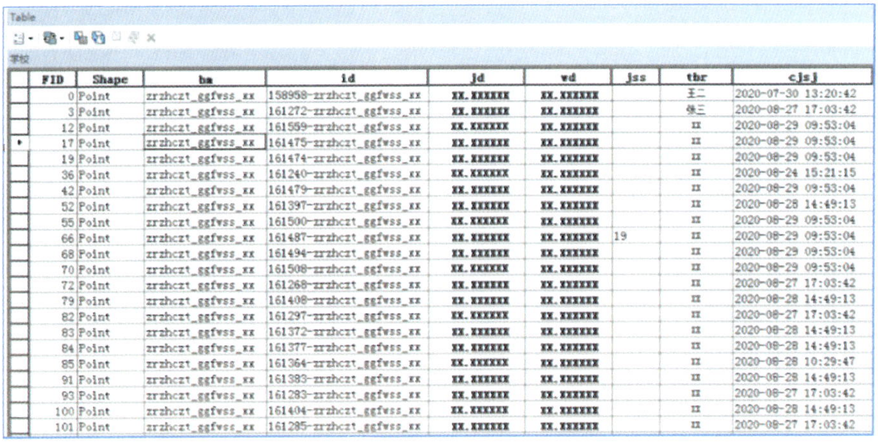

Table

学校

FID	Shape	bm	id	jd	wd	jss	tbr	cjsj
0	Point	zrzhczt_ggfwss_xx	158958-zrzhczt_ggfwss_xx	XX.XXXXXX	XX.XXXXXX		王二	2020-07-30 13:20:42
3	Point	zrzhczt_ggfwss_xx	161272-zrzhczt_ggfwss_xx	XX.XXXXXX	XX.XXXXXX		张三	2020-08-27 17:03:42
12	Point	zrzhczt_ggfwss_xx	161559-zrzhczt_ggfwss_xx	XX.XXXXXX	XX.XXXXXX		xx	2020-08-29 09:53:04
17	Point	zrzhczt_ggfwss_xx	161475-zrzhczt_ggfwss_xx	XX.XXXXXX	XX.XXXXXX		xx	2020-08-29 09:53:04
19	Point	zrzhczt_ggfwss_xx	161474-zrzhczt_ggfwss_xx	XX.XXXXXX	XX.XXXXXX		xx	2020-08-29 09:53:04
36	Point	zrzhczt_ggfwss_xx	161240-zrzhczt_ggfwss_xx	XX.XXXXXX	XX.XXXXXX		xx	2020-08-24 15:21:15
42	Point	zrzhczt_ggfwss_xx	161479-zrzhczt_ggfwss_xx	XX.XXXXXX	XX.XXXXXX		xx	2020-08-29 09:53:04
52	Point	zrzhczt_ggfwss_xx	161397-zrzhczt_ggfwss_xx	XX.XXXXXX	XX.XXXXXX		xx	2020-08-28 14:49:13
55	Point	zrzhczt_ggfwss_xx	161500-zrzhczt_ggfwss_xx	XX.XXXXXX	XX.XXXXXX		xx	2020-08-29 09:53:04
66	Point	zrzhczt_ggfwss_xx	161487-zrzhczt_ggfwss_xx	XX.XXXXXX	XX.XXXXXX	19	xx	2020-08-29 09:53:04
68	Point	zrzhczt_ggfwss_xx	161494-zrzhczt_ggfwss_xx	XX.XXXXXX	XX.XXXXXX		xx	2020-08-29 09:53:04
70	Point	zrzhczt_ggfwss_xx	161508-zrzhczt_ggfwss_xx	XX.XXXXXX	XX.XXXXXX		xx	2020-08-29 09:53:04
72	Point	zrzhczt_ggfwss_xx	161268-zrzhczt_ggfwss_xx	XX.XXXXXX	XX.XXXXXX		xx	2020-08-27 17:03:42
79	Point	zrzhczt_ggfwss_xx	161408-zrzhczt_ggfwss_xx	XX.XXXXXX	XX.XXXXXX		xx	2020-08-28 14:49:13
82	Point	zrzhczt_ggfwss_xx	161297-zrzhczt_ggfwss_xx	XX.XXXXXX	XX.XXXXXX		xx	2020-08-27 17:03:42
83	Point	zrzhczt_ggfwss_xx	161372-zrzhczt_ggfwss_xx	XX.XXXXXX	XX.XXXXXX		xx	2020-08-28 14:49:13
84	Point	zrzhczt_ggfwss_xx	161377-zrzhczt_ggfwss_xx	XX.XXXXXX	XX.XXXXXX		xx	2020-08-28 14:49:13
85	Point	zrzhczt_ggfwss_xx	161364-zrzhczt_ggfwss_xx	XX.XXXXXX	XX.XXXXXX		xx	2020-08-28 10:29:47
91	Point	zrzhczt_ggfwss_xx	161383-zrzhczt_ggfwss_xx	XX.XXXXXX	XX.XXXXXX		xx	2020-08-28 14:49:13
93	Point	zrzhczt_ggfwss_xx	161283-zrzhczt_ggfwss_xx	XX.XXXXXX	XX.XXXXXX		xx	2020-08-27 17:03:42
100	Point	zrzhczt_ggfwss_xx	161404-zrzhczt_ggfwss_xx	XX.XXXXXX	XX.XXXXXX		xx	2020-08-28 14:49:13
101	Point	zrzhczt_ggfwss_xx	161285-zrzhczt_ggfwss_xx	XX.XXXXXX	XX.XXXXXX		xx	2020-08-27 17:03:42

图 4－2　各级各类学校空间属性信息表（示例）

二、公共服务设施（医疗卫生机构）对象清查案例

（一）清查示例

基于技术规范第二章第二节流程进行清查，得到的清查成果见表 4－4。

表 4－4　公共服务设施（医疗卫生机构）清查成果表（示例）

序号	对象分类	单位名称	单位地址	位置信息	统一社会信用代码	医疗卫生机构类别代码	备注
1	公共服务设施（医疗卫生机构）	北京市房山区良乡医院	北京市房山区良乡拱辰大街 45 号	xx. xxxxxx	12110111400911989H	A100	综合医院
2	公共服务设施（医疗卫生机构）	北京市房山区周口店镇社区卫生服务中心	北京市房山区周口店大街 28 号	xx. xxxxxx	12110111100912041Q	B100	社区卫生服务中心

表 4 -4(续)

序号	对象分类	单位名称	单位地址	位置信息	统一社会信用代码	医疗卫生机构类别代码	备注
3	公共服务设施(医疗卫生机构)	北京市房山区妇幼保健院	北京市房山区良乡苏庄东街 5 号	××. ××××××	12110111400911903N	G100	妇幼保健院
4	公共服务设施(医疗卫生机构)	北京市房山区输血站	北京市房山区兴房大街 54 号	××. ××××××	12110111400911866G	P939	其他
…	公共服务设施(医疗卫生机构)	…	…	…	…	…	…
n	公共服务设施(医疗卫生机构)	…	…	…	…	…	…

（二）调查示例

基于技术规范第三章第一节基本流程进行调查，得到调查对象的空间位置和灾害属性信息，成果汇总表见表 4 -5。

表 4 -5　公共服务设施（医疗卫生机构）调查成果汇总表（示例）

名　称	地　址	经　度	纬　度	医疗机构类型（大类）	医疗机构类型（中类）	…
（文字说明）	（文字说明）	—	—	（单选）	（单选）	…
北京市房山区燕山医院	北京市房山区燕山燕房路 50 号	××. ××××××	××. ××××××	基层医疗机构	社区卫生服务中心（站）	…

表 4－5(续)

名　称	地　址	经　度	纬　度	医疗机构类型（大类）	医疗机构类型（中类）	…
北京市房山区燕山地区社区卫生服务中心	北京市房山区燕山燕房路50号	××．××××××	××．××××××	基层医疗机构	社区卫生服务中心（站）	…
北京市房山区妇幼保健院	北京市房山区良乡苏庄东街5号	××．××××××	××．××××××	专业公共卫生机构	妇幼保健机构(含妇幼保健计划生育服务中心)	…
北京市房山区大石窝镇社区卫生服务中心	北京市房山区大石窝镇南尚乐村	××．××××××	××．××××××	基层医疗机构	社区卫生服务中心（站）	…
北京市房山区周口店镇社区卫生服务中心	北京市房山区周口店大街28号	××．××××××	××．××××××	基层医疗机构	社区卫生服务中心（站）	…

（三）调查成果演示

公共服务设施（医疗卫生机构）调查成果空间位置如图 4－3 所示，属性信息如图 4－4 所示。

三、公共服务设施（提供住宿的社会服务机构）普查示例

（一）清查示例

基于技术规范第二章第二节流程进行清查，得到的清查成果见表 4－6。

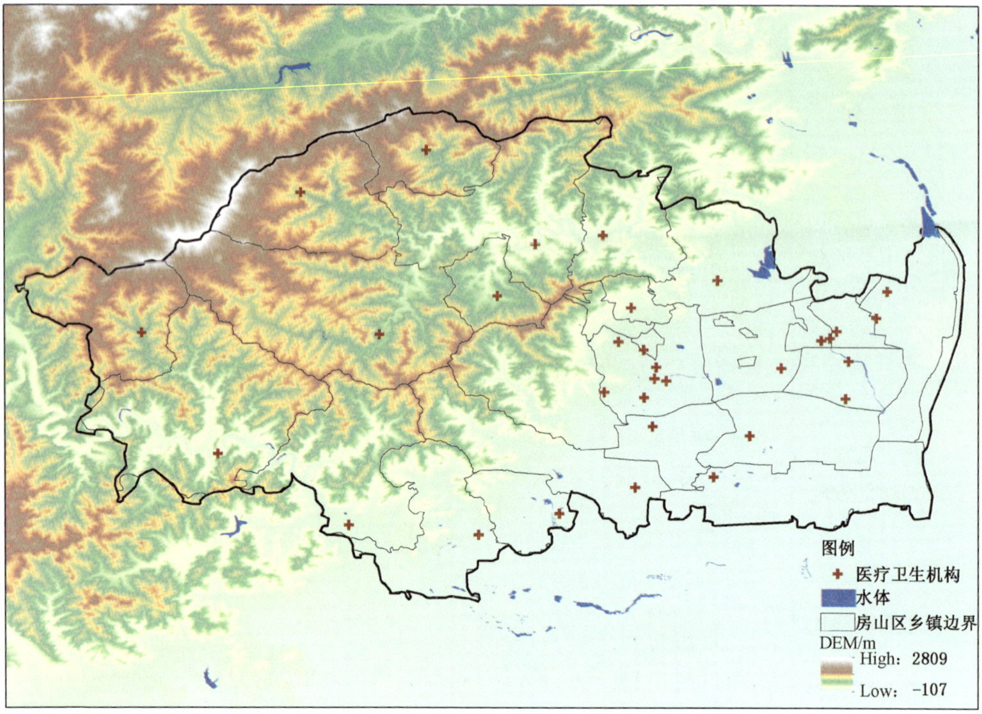

图 4－3 各级各类医疗卫生机构空间位置图

医疗卫生机构

FID	Shape	bm	id	jd	wd	tbr
0	Point	zrzhczt_ggfwss_ylwsjg	7981-zrzhczt_ggfwss_ylwsjg	XX.XXXXX	XX.XXXXX	张三
1	Point	zrzhczt_ggfwss_ylwsjg	8782-zrzhczt_ggfwss_ylwsjg	XX.XXXXX	XX.XXXXX	李四
2	Point	zrzhczt_ggfwss_ylwsjg	8776-zrzhczt_ggfwss_ylwsjg	XX.XXXXX	XX.XXXXX	XX
3	Point	zrzhczt_ggfwss_ylwsjg	8797-zrzhczt_ggfwss_ylwsjg	XX.XXXXX	XX.XXXXX	XX
4	Point	zrzhczt_ggfwss_ylwsjg	8789-zrzhczt_ggfwss_ylwsjg	XX.XXXXX	XX.XXXXX	XX
5	Point	zrzhczt_ggfwss_ylwsjg	8779-zrzhczt_ggfwss_ylwsjg	XX.XXXXX	XX.XXXXX	XX
6	Point	zrzhczt_ggfwss_ylwsjg	8785-zrzhczt_ggfwss_ylwsjg	XX.XXXXX	XX.XXXXX	XX
7	Point	zrzhczt_ggfwss_ylwsjg	8783-zrzhczt_ggfwss_ylwsjg	XX.XXXXX	XX.XXXXX	XX
8	Point	zrzhczt_ggfwss_ylwsjg	8781-zrzhczt_ggfwss_ylwsjg	XX.XXXXX	XX.XXXXX	XX
9	Point	zrzhczt_ggfwss_ylwsjg	8800-zrzhczt_ggfwss_ylwsjg	XX.XXXXX	XX.XXXXX	XX
10	Point	zrzhczt_ggfwss_ylwsjg	8798-zrzhczt_ggfwss_ylwsjg	XX.XXXXX	XX.XXXXX	XX
11	Point	zrzhczt_ggfwss_ylwsjg	8790-zrzhczt_ggfwss_ylwsjg	XX.XXXXX	XX.XXXXX	XX
12	Point	zrzhczt_ggfwss_ylwsjg	8787-zrzhczt_ggfwss_ylwsjg	XX.XXXXX	XX.XXXXX	XX
13	Point	zrzhczt_ggfwss_ylwsjg	8786-zrzhczt_ggfwss_ylwsjg	XX.XXXXX	XX.XXXXX	XX
14	Point	zrzhczt_ggfwss_ylwsjg	8793-zrzhczt_ggfwss_ylwsjg	XX.XXXXX	XX.XXXXX	XX
15	Point	zrzhczt_ggfwss_ylwsjg	8801-zrzhczt_ggfwss_ylwsjg	XX.XXXXX	XX.XXXXX	XX
16	Point	zrzhczt_ggfwss_ylwsjg	8772-zrzhczt_ggfwss_ylwsjg	XX.XXXXX	XX.XXXXX	XX
17	Point	zrzhczt_ggfwss_ylwsjg	8778-zrzhczt_ggfwss_ylwsjg	XX.XXXXX	XX.XXXXX	XX
18	Point	zrzhczt_ggfwss_ylwsjg	8777-zrzhczt_ggfwss_ylwsjg	XX.XXXXX	XX.XXXXX	XX

(0 out of 33 Selected)

图 4－4 各级各类医疗卫生机构空间属性信息表（示例）

表4-6 公共服务设施（提供住宿的社会服务机构）清查成果表（示例）

序号	对象分类	单位名称	单位地址	位置信息	统一社会信用代码	备注
1	公共服务设施（提供住宿的社会服务机构）	北京市房山区窦店镇福星养老院	北京市房山区窦店镇袁庄村	××.××××××	52110111774052146T	…
2	公共服务设施（提供住宿的社会服务机构）	北京市房山区儿童福利院	北京市房山区青龙湖镇豆各庄村盛林路9号	××.××××××	1211011105735239XD	…
3	公共服务设施（提供住宿的社会服务机构）	北京市房山区城市生活无着的流浪乞讨人员救助站	北京市房山区良乡镇南刘庄村南区7号	××.××××××	12110111688392099X	…
4	公共服务设施（提供住宿的社会服务机构）	北京市房山区弘远慈航养老服务中心	北京市房山区城关街道东瓜地村东兴大街甲6号	××.××××××	52110111318284428W	…
5	公共服务设施（提供住宿的社会服务机构）	北京市房山区十渡镇社会福利中心	北京市房山区十渡镇十渡村	××.××××××	12110111754694723E	…
…	公共服务设施（提供住宿的社会服务机构）	…	…	…	…	…
n	公共服务设施（提供住宿的社会服务机构）	…	…	…	…	…

（二）调查示例

基于技术规范第三章第一节基本流程进行调查，得到调查对象的空间位置和灾害属性信息，成果汇总表见表4-7。

表4－7　公共服务设施(提供住宿的社会服务机构)调查成果汇总表(示例)

名　称	地　址	经　度	纬　度	服务机构类型	注册登记类型	…
(文字说明)	(文字说明)	—	—	(单选)	(单选)	…
北京长阳普乐园爱心养老院	北京市房山区长阳镇佛满村路东	××.××××××	××.××××××	养老服务机构	民办非企业	…
北京市房山区琉璃河镇敬老院	北京市房山区琉璃河镇东南召村村南	××.××××××	××.××××××	养老服务机构	其他类型	…
北京市房山区石楼镇老年社会福利院	北京市房山区石楼镇支楼村甲一号	××.××××××	××.××××××	养老服务机构	民办非企业	…
北京市房山区小康之家养老服务中心	北京市房山区长阳镇加州水郡205号楼	××.××××××	××.××××××	养老服务机构	民办非企业	…
北京市房山区儿童福利院	北京市房山区青龙湖镇豆各庄村盛林路9号	××.××××××	××.××××××	儿童福利和救助机构	事业单位	…
北京市房山区国爱老年人服务中心	北京市房山区阎村镇紫园路14号	××.××××××	××.××××××	养老服务机构	民办非企业	…
北京市房山区残疾人农疗康复中心	北京市房山区周口店娄子水村东	××.××××××	××.××××××	养老服务机构	民办非企业	…

（三）调查成果演示

公共服务设施（提供住宿的社会服务机构）调查成果空间位置如图4－5所示，属性信息如图4－6所示。

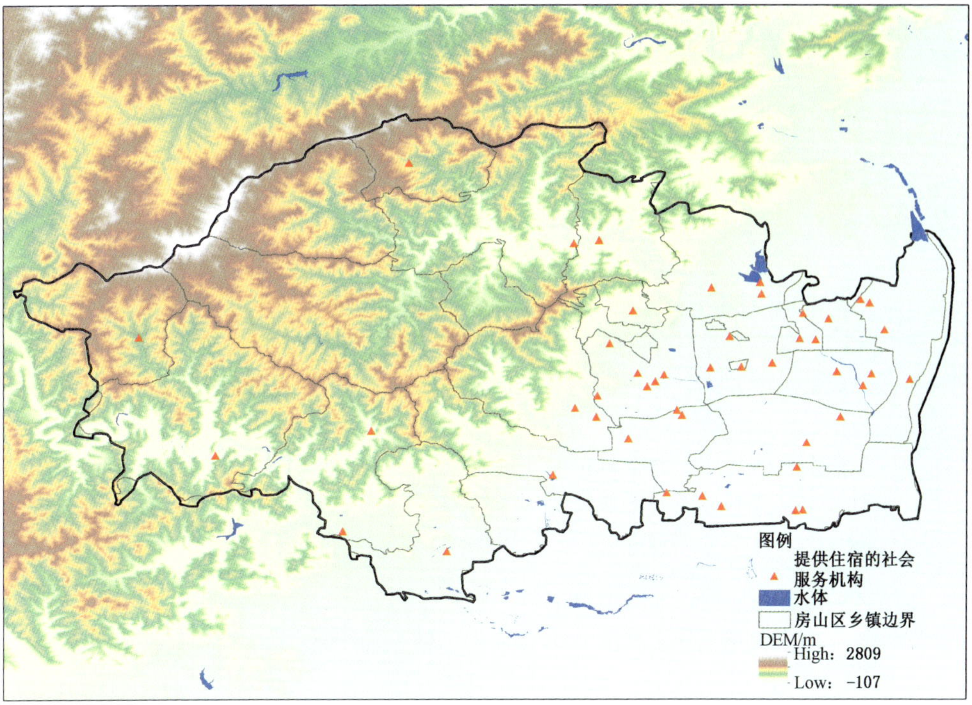

图 4-5　各级各类提供住宿的社会服务机构空间位置图

提供住宿的社会服务机构

FID	Shape	bm	id	jd	wd	tbr
0	Point	zrzhczt_ggfwss_tgzsdshfwjg	3645-zrzhczt_ggfwss_tgzsdshfwjg	XX. XXXXXX	XX. XXXXXX	张三
1	Point	zrzhczt_ggfwss_tgzsdshfwjg	3646-zrzhczt_ggfwss_tgzsdshfwjg	XX. XXXXXX	XX. XXXXXX	李四
2	Point	zrzhczt_ggfwss_tgzsdshfwjg	3644-zrzhczt_ggfwss_tgzsdshfwjg	XX. XXXXXX	XX. XXXXXX	XX
3	Point	zrzhczt_ggfwss_tgzsdshfwjg	3639-zrzhczt_ggfwss_tgzsdshfwjg	XX. XXXXXX	XX. XXXXXX	XX
4	Point	zrzhczt_ggfwss_tgzsdshfwjg	3675-zrzhczt_ggfwss_tgzsdshfwjg	XX. XXXXXX	XX. XXXXXX	XX
5	Point	zrzhczt_ggfwss_tgzsdshfwjg	3658-zrzhczt_ggfwss_tgzsdshfwjg	XX. XXXXXX	XX. XXXXXX	XX
6	Point	zrzhczt_ggfwss_tgzsdshfwjg	3634-zrzhczt_ggfwss_tgzsdshfwjg	XX. XXXXXX	XX. XXXXXX	XX
7	Point	zrzhczt_ggfwss_tgzsdshfwjg	3643-zrzhczt_ggfwss_tgzsdshfwjg	XX. XXXXXX	XX. XXXXXX	XX
8	Point	zrzhczt_ggfwss_tgzsdshfwjg	3647-zrzhczt_ggfwss_tgzsdshfwjg	XX. XXXXXX	XX. XXXXXX	XX
9	Point	zrzhczt_ggfwss_tgzsdshfwjg	3659-zrzhczt_ggfwss_tgzsdshfwjg	XX. XXXXXX	XX. XXXXXX	XX
10	Point	zrzhczt_ggfwss_tgzsdshfwjg	3662-zrzhczt_ggfwss_tgzsdshfwjg	XX. XXXXXX	XX. XXXXXX	XX
11	Point	zrzhczt_ggfwss_tgzsdshfwjg	3651-zrzhczt_ggfwss_tgzsdshfwjg	XX. XXXXXX	XX. XXXXXX	XX
12	Point	zrzhczt_ggfwss_tgzsdshfwjg	3672-zrzhczt_ggfwss_tgzsdshfwjg	XX. XXXXXX	XX. XXXXXX	XX
13	Point	zrzhczt_ggfwss_tgzsdshfwjg	3660-zrzhczt_ggfwss_tgzsdshfwjg	XX. XXXXXX	XX. XXXXXX	XX
14	Point	zrzhczt_ggfwss_tgzsdshfwjg	3653-zrzhczt_ggfwss_tgzsdshfwjg	XX. XXXXXX	XX. XXXXXX	XX
15	Point	zrzhczt_ggfwss_tgzsdshfwjg	3654-zrzhczt_ggfwss_tgzsdshfwjg	XX. XXXXXX	XX. XXXXXX	XX
16	Point	zrzhczt_ggfwss_tgzsdshfwjg	3649-zrzhczt_ggfwss_tgzsdshfwjg	XX. XXXXXX	XX. XXXXXX	XX
17	Point	zrzhczt_ggfwss_tgzsdshfwjg	3648-zrzhczt_ggfwss_tgzsdshfwjg	XX. XXXXXX	XX. XXXXXX	XX
18	Point	zrzhczt_ggfwss_tgzsdshfwjg	3656-zrzhczt_ggfwss_tgzsdshfwjg	XX. XXXXXX	XX. XXXXXX	XX

(0 out of 48 Selected)

图 4-6　各级各类提供住宿的社会服务机构空间属性信息表（示例）

四、公共服务设施（公共文化场所）普查示例

（一）清查示例

基于技术规范第二章第二节流程进行清查，得到的清查成果见表4－8。

表4－8　公共服务设施（公共文化场所）清查成果表（示例）

序号	对象分类	单位名称	单位地址	位置信息	统一社会信用代码	备注
1	公共服务设施（公共文化场所）	北京市房山世界地质公园博物馆	北京市房山区长沟镇六甲房村	××.××××××	1211011155482524X4	…
2	公共服务设施（公共文化场所）	北京市房山区文化活动中心	北京市房山区良乡昊天大街18号	××.××××××	1211011135832072XF	…
3	公共服务设施（公共文化场所）	北京市良乡影剧院	北京市房山区良乡拱辰大街31号	××.××××××	911101111027846000	…
4	公共服务设施（公共文化场所）	房山云居寺文物管理处	北京市房山区南尚乐乡水头村	××.××××××	121101114009109193	…
5	公共服务设施（公共文化场所）	周口店北京人遗址管理处	北京市房山区周口店大街1号	××.××××××	12110111746126531K	…
…	公共服务设施（公共文化场所）	…	…	…	…	…
n	公共服务设施（公共文化场所）	…	…	…	…	…

（二）调查示例

基于技术规范第三章第一节基本流程进行调查，得到调查对象的空间位置和灾害属性信息，成果汇总表见表4－9。

表4－9 公共服务设施（公共文化场所）调查成果汇总表（示例）

名称	地址	经度	纬度	占地面积	建筑面积	…
（文字说明）	（文字说明）	—	—	m^2	m^2	…
周口店北京人遗址管理处	北京市房山区周口店大街1号	××.××××××	××.××××××	240000	8093	…
北京市西周燕都遗址博物馆	北京市房山区琉璃河镇董家林村七区一号	××.××××××	××.××××××	19551.8	6455.87	…
房山云居寺文物管理处	北京市房山区南尚乐乡水头村	××.××××××	××.××××××	2000000	11512.8	…
窦店民族文化宫	北京市房山区窦店镇窦店民族文化宫	××.××××××	××.××××××	20000	13400	…
北京市房山区文化活动中心	北京市房山区昊天大街18号	××.××××××	××.××××××	17125.02	27173	…
平西抗日战争纪念馆	北京市房山区十渡镇十渡村南八号	××.××××××	××.××××××	130000	4350	…
北京市房山世界地质公园博物馆	北京市房山区长沟镇六甲房村	××.××××××	××.××××××	61100	10000	…

表 4 -9（续）

名　称	地　址	经度	纬度	占地面积	建筑面积	…
北京市房山区燕山文化活动中心	北京市房山区燕山岗南路东一巷 2 号	××. ××××××	××. ××××××	2600	25764	…
北京市良乡影剧院	北京市房山区良乡拱辰大街 31 号	××. ××××××	××. ××××××	5000	3000	…

（三）调查成果演示

公共服务设施（公共文化场所）调查成果空间位置如图 4 -7 所示，属性信息如图 4 -8 所示。

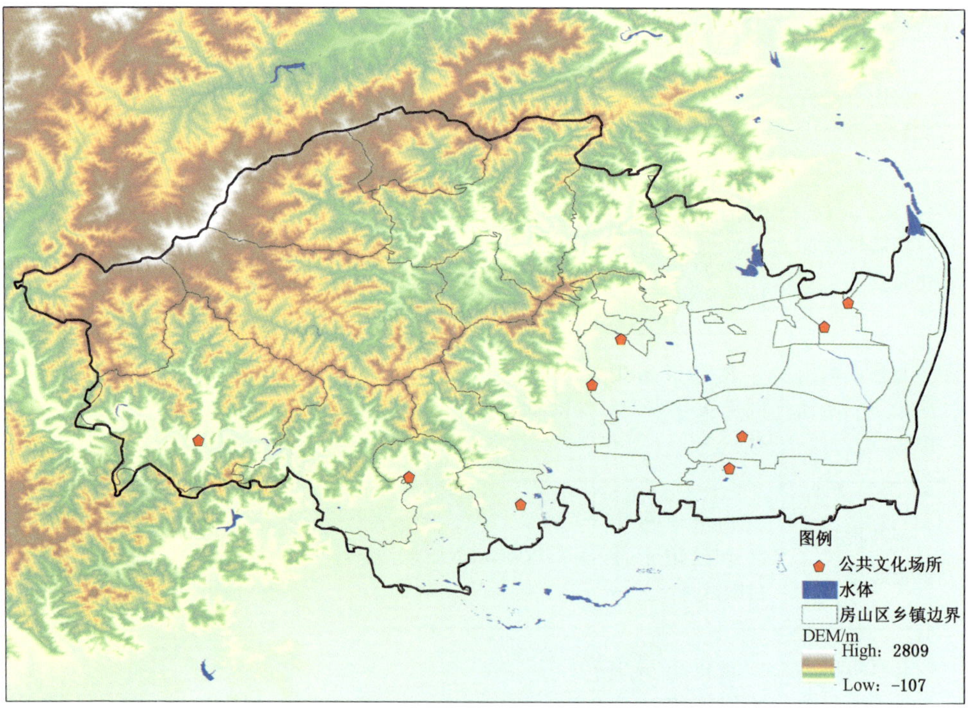

图 4 -7　各级各类公共文化场所空间位置图

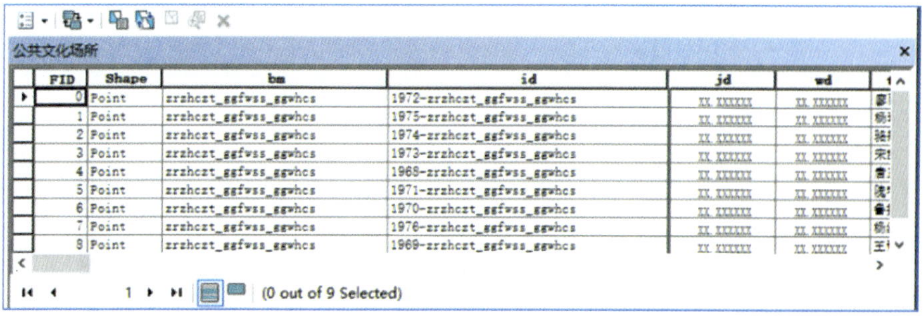

图 4-8　各级各类公共文化场所空间属性信息表（示例）

五、公共服务设施（旅游景区）普查示例

（一）清查示例

基于技术规范第二章第二节流程进行清查，得到的清查成果见表 4-10。

表 4-10　公共服务设施（旅游景区）清查成果表（示例）

序号	对象分类	单位名称	单位地址	位置信息	统一社会信用代码	备注
1	公共服务设施(旅游景区)	北京市房山区青龙湖水上游乐园景区	北京市房山区青龙湖镇青龙头村	××.××××××	91110111071745341K	…
2	公共服务设施(旅游景区)	十渡风景区	北京市房山区十渡镇九渡大街 9 号	××.××××××	11110111000078449G	…
3	公共服务设施(旅游景区)	周口店北京人遗址管理处	北京市房山区周口店大街 1 号	××.××××××	12110111746126531K	…
4	公共服务设施(旅游景区)	大石窝中华石雕艺术园	北京市房山区大石窝镇石窝村	××.××××××	91110111MA01CCE487	…

表 4－10（续）

序号	对象分类	单位名称	单位地址	位置信息	统一社会信用代码	备注
5	公共服务设施（旅游景区）	房山区没有共产党就没有新中国纪念馆	北京市房山区霞云岭乡堂上村	××．××××××	121101117999956268	…
…	公共服务设施（旅游景区）	…	…	…	…	…
n	公共服务设施（旅游景区）	…	…	…	…	…

（二）调查示例

基于技术规范第三章第一节基本流程进行调查，得到调查对象的空间位置和灾害属性信息，成果汇总表见表 4－11。

表 4－11　公共服务设施（旅游景区）调查成果汇总表（示例）

名　称	地　址	经　度	纬　度	景区经营模式	景区类型	…
（文字说明）	（文字说明）	—	—	（单选）	（单选）	…
北京首创奥特莱斯房山置业有限公司	北京市房山区长阳镇悦盛路 6 号院	××．××××××	××．××××××	自主开发	现代游乐类	…
北京市房山区窦店清真寺	北京市房山区窦店镇窦店村	××．××××××	××．××××××	自主开发	历史文化类	…
北京市房山区青龙湖水上游乐园景区	北京市房山区青龙湖镇青龙头村	××．××××××	××．××××××	整体租赁	现代游乐类	…

表 4-11(续)

名 称	地 址	经 度	纬 度	景区经营模式	景区类型	…
北京市房山区石花洞旅游服务中心	北京市房山区河北镇南车营村	××.××××××	××.××××××	国有企业	自然生态类	…
北京市银狐洞旅游服务中心	北京市房山区佛子庄乡下英水村	××.××××××	××.××××××	自主开发	自然生态类	…
房山区没有共产党就没有新中国纪念馆	北京市房山区霞云岭乡堂上村	××.××××××	××.××××××	国有企业	历史文化类	…
北京市房山区上方山国家森林公园管理处	北京市房山区韩村河镇上方山	××.××××××	××.××××××	国有企业	自然生态类	…
北京张坊宋辽古城旅游开发中心	北京市房山区张坊镇张坊村	××.××××××	××.××××××	自主开发	历史文化类	…
中粮(北京)农业生态谷发展有限公司	北京市房山区沙岗街6号院一区1号楼	××.××××××	××.××××××	国有企业	自然生态类	…

（三）调查成果演示

公共服务设施（旅游景区）调查成果空间位置如图 4-9 所示，属性信息如图 4-10 所示。

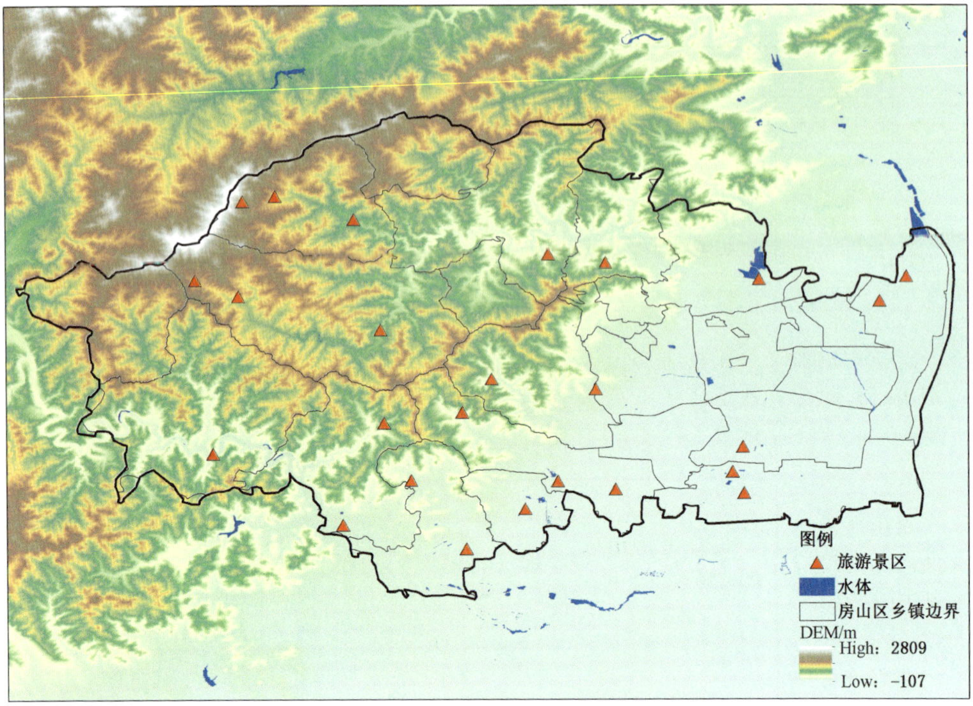

图 4-9　各级各类旅游景区空间位置图

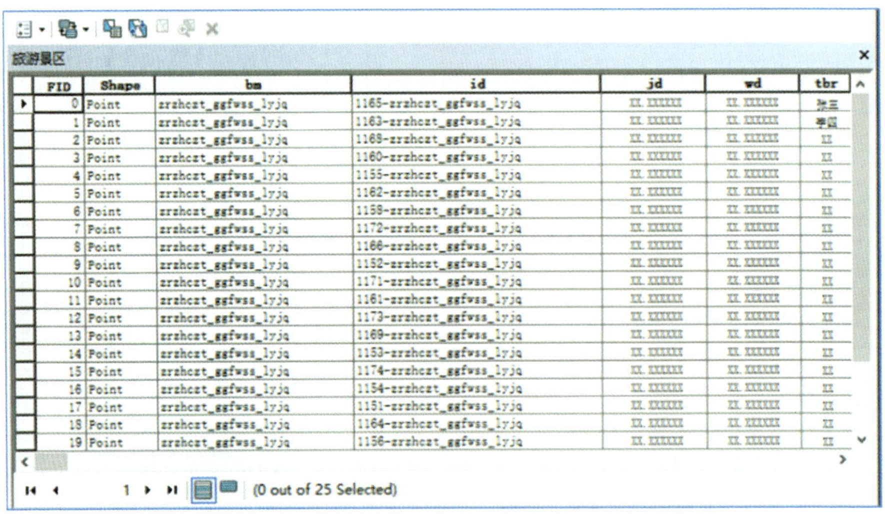

旅游景区

FID	Shape	bm	id	jd	wd	tbr
0	Point	zrzhczt_ggfwss_lyjq	1165-zrzhczt_ggfwss_lyjq	XX. XXXXXX	XX. XXXXXX	张三
1	Point	zrzhczt_ggfwss_lyjq	1163-zrzhczt_ggfwss_lyjq	XX. XXXXXX	XX. XXXXXX	李四
2	Point	zrzhczt_ggfwss_lyjq	1168-zrzhczt_ggfwss_lyjq	XX. XXXXXX	XX. XXXXXX	XX
3	Point	zrzhczt_ggfwss_lyjq	1160-zrzhczt_ggfwss_lyjq	XX. XXXXXX	XX. XXXXXX	XX
4	Point	zrzhczt_ggfwss_lyjq	1155-zrzhczt_ggfwss_lyjq	XX. XXXXXX	XX. XXXXXX	XX
5	Point	zrzhczt_ggfwss_lyjq	1162-zrzhczt_ggfwss_lyjq	XX. XXXXXX	XX. XXXXXX	XX
6	Point	zrzhczt_ggfwss_lyjq	1158-zrzhczt_ggfwss_lyjq	XX. XXXXXX	XX. XXXXXX	XX
7	Point	zrzhczt_ggfwss_lyjq	1172-zrzhczt_ggfwss_lyjq	XX. XXXXXX	XX. XXXXXX	XX
8	Point	zrzhczt_ggfwss_lyjq	1166-zrzhczt_ggfwss_lyjq	XX. XXXXXX	XX. XXXXXX	XX
9	Point	zrzhczt_ggfwss_lyjq	1152-zrzhczt_ggfwss_lyjq	XX. XXXXXX	XX. XXXXXX	XX
10	Point	zrzhczt_ggfwss_lyjq	1171-zrzhczt_ggfwss_lyjq	XX. XXXXXX	XX. XXXXXX	XX
11	Point	zrzhczt_ggfwss_lyjq	1161-zrzhczt_ggfwss_lyjq	XX. XXXXXX	XX. XXXXXX	XX
12	Point	zrzhczt_ggfwss_lyjq	1173-zrzhczt_ggfwss_lyjq	XX. XXXXXX	XX. XXXXXX	XX
13	Point	zrzhczt_ggfwss_lyjq	1169-zrzhczt_ggfwss_lyjq	XX. XXXXXX	XX. XXXXXX	XX
14	Point	zrzhczt_ggfwss_lyjq	1153-zrzhczt_ggfwss_lyjq	XX. XXXXXX	XX. XXXXXX	XX
15	Point	zrzhczt_ggfwss_lyjq	1174-zrzhczt_ggfwss_lyjq	XX. XXXXXX	XX. XXXXXX	XX
16	Point	zrzhczt_ggfwss_lyjq	1154-zrzhczt_ggfwss_lyjq	XX. XXXXXX	XX. XXXXXX	XX
17	Point	zrzhczt_ggfwss_lyjq	1151-zrzhczt_ggfwss_lyjq	XX. XXXXXX	XX. XXXXXX	XX
18	Point	zrzhczt_ggfwss_lyjq	1164-zrzhczt_ggfwss_lyjq	XX. XXXXXX	XX. XXXXXX	XX
19	Point	zrzhczt_ggfwss_lyjq	1156-zrzhczt_ggfwss_lyjq	XX. XXXXXX	XX. XXXXXX	XX

1　(0 out of 25 Selected)

图 4-10　各级各类旅游景区空间属性信息表（示例）

六、公共服务设施（星级饭店）普查示例

（一）清查示例

基于技术规范第二章第二节流程进行清查，得到的清查成果见表4-12。

表4-12 公共服务设施（星级饭店）清查成果表（示例）

序号	对象分类	单位名称	常用名	星级	单位地址	位置信息	统一社会信用代码	备注
1	公共服务设施（星级饭店）	北京望佛台山庄有限公司	望佛台山庄	二星级	北京市房山区十渡镇八渡村	××.××××××	91110111802744140G	…
2	公共服务设施（星级饭店）	北京圣辉度假山庄	圣辉度假山庄	三星级	北京市房山区史家营乡圣莲山风景区	××.××××××	911101117404469216	…
3	公共服务设施（星级饭店）	北京天湖会议中心有限公司	天湖会议中心	四星级	北京市房山区青龙湖镇小苑上村150号	××.××××××	9111011173647388X2	…
4	公共服务设施（星级饭店）	中国原子能科学研究院招待所	原子能科研院招待所	其他	北京市房山区新镇一号楼	××.××××××	91110111802723323C	…
5	公共服务设施（星级饭店）	北京天毓山庄旅游开发有限公司	天毓山庄	其他	北京市房山区周口店镇辛庄村	××.××××××	91110111L1001381XC	…
…	公共服务设施（星级饭店）	…	…	…	…	…	…	…
n	公共服务设施（星级饭店）	…	…	…	…	…	…	…

（二）调查示例

基于技术规范第三章第一节基本流程进行调查，得到调查对象的空间位置和灾害属性信息，成果汇总表见表 4－13。

表 4－13 公共服务设施（星级饭店）调查成果汇总表（示例）

名　称	地　址	经　度	纬　度	企业性质	饭店星级	…
（文字说明）	（文字说明）	—	—	（单选）	（单选）	…
北京昊天假日酒店有限责任公司	北京市房山区良乡拱辰北大街 1 号	xx. xxxxxx	xx. xxxxxx	内资	四星级	…
北京天湖会议中心有限公司	北京市房山区青龙湖镇小苑上村 150 号	xx. xxxxxx	xx. xxxxxx	内资	四星级	…
北京云泽山庄农业观光有限公司	北京市房山区张坊镇穆家口村北	xx. xxxxxx	xx. xxxxxx	内资	三星级	…
北京燕化宾馆有限公司	北京市房山区燕山迎风中路 4 号	xx. xxxxxx	xx. xxxxxx	内资	三星级	…
北京望佛台山庄有限公司	北京市房山区十渡镇八渡村	xx. xxxxxx	xx. xxxxxx	内资	二星级	…
北京乾坤宇餐饮管理有限公司	北京市房山区十渡镇十渡村东街 399 号	xx. xxxxxx	xx. xxxxxx	内资	二星级	…
北京市泉水河会议服务有限公司	北京市房山区长沟镇玉簌大街 69 号	xx. xxxxxx	xx. xxxxxx	内资	二星级	…
北京市山光宾馆有限公司	北京市房山区十渡镇八渡村一区 37 号	xx. xxxxxx	xx. xxxxxx	内资	二星级	…

表 4－13(续)

名称	地址	经度	纬度	企业性质	饭店星级	…
北京京铁车辆十渡技术培训有限公司	北京市房山区十渡镇八渡村南	××. ××××××	××. ××××××	内资	三星级	…

（三）调查成果演示

公共服务设施（星级饭店）调查成果空间位置如图 4－11 所示，属性信息如图 4－12 所示。

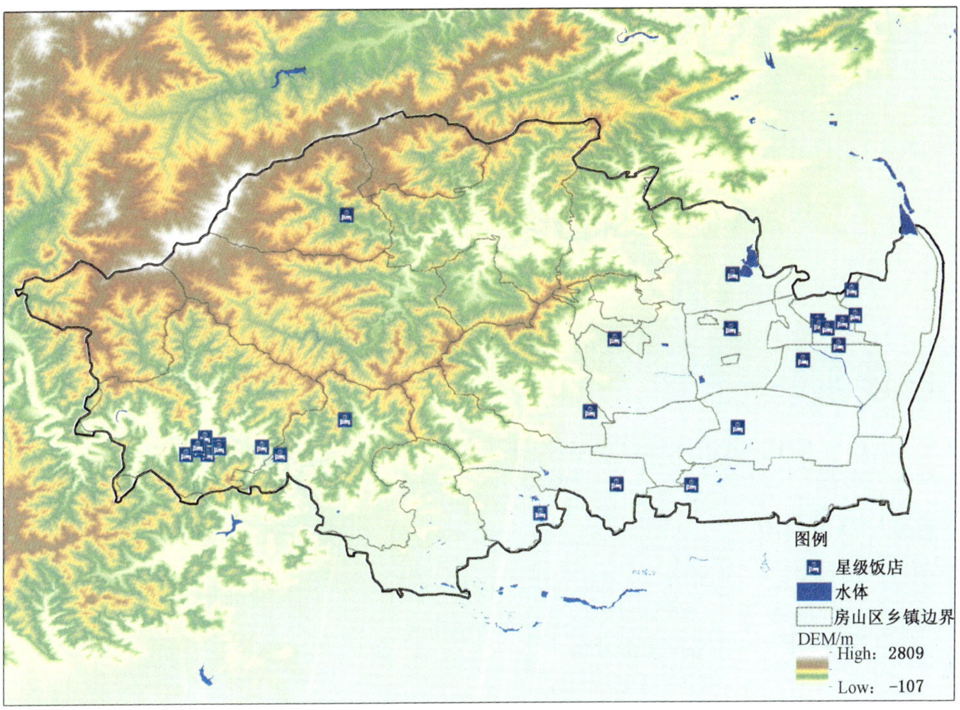

图 4－11　各级各类星级饭店空间位置图

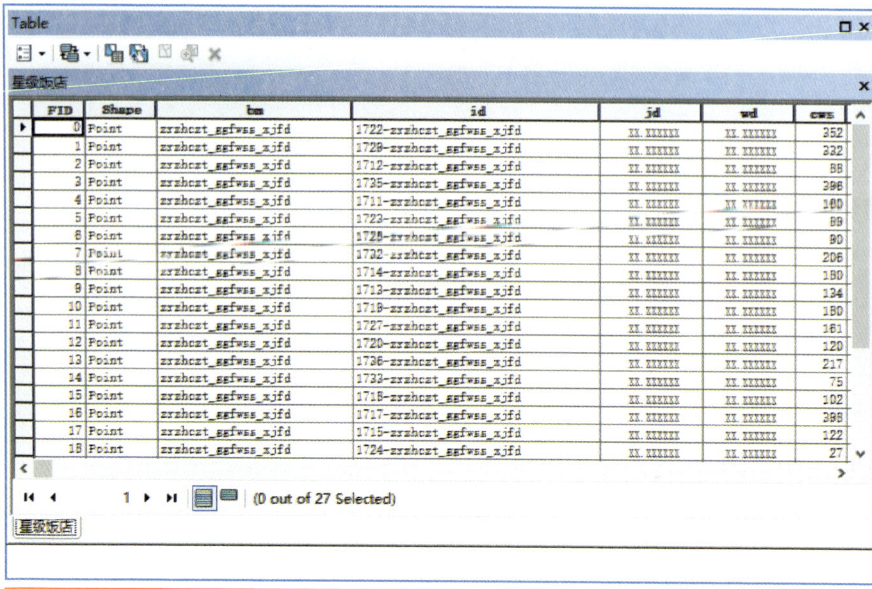

Table

星级饭店

FID	Shape	bm	id	jd	wd	cws
0	Point	zrzhczt_ggfwss_xjfd	1722-zrzhczt_ggfwss_xjfd	XX. XXXXXX	XX. XXXXXX	352
1	Point	zrzhczt_ggfwss_xjfd	1728-zrzhczt_ggfwss_xjfd	XX. XXXXXX	XX. XXXXXX	332
2	Point	zrzhczt_ggfwss_xjfd	1712-zrzhczt_ggfwss_xjfd	XX. XXXXXX	XX. XXXXXX	88
3	Point	zrzhczt_ggfwss_xjfd	1735-zrzhczt_ggfwss_xjfd	XX. XXXXXX	XX. XXXXXX	396
4	Point	zrzhczt_ggfwss_xjfd	1711-zrzhczt_ggfwss_xjfd	XX. XXXXXX	XX. XXXXXX	180
5	Point	zrzhczt_ggfwss_xjfd	1723-zrzhczt_ggfwss_xjfd	XX. XXXXXX	XX. XXXXXX	89
6	Point	zrzhczt_ggfwss_xjfd	1725-zrzhczt_ggfwss_xjfd	XX. XXXXXX	XX. XXXXXX	90
7	Point	zrzhczt_ggfwss_xjfd	1732-zrzhczt_ggfwss_xjfd	XX. XXXXXX	XX. XXXXXX	206
8	Point	zrzhczt_ggfwss_xjfd	1714-zrzhczt_ggfwss_xjfd	XX. XXXXXX	XX. XXXXXX	180
9	Point	zrzhczt_ggfwss_xjfd	1713-zrzhczt_ggfwss_xjfd	XX. XXXXXX	XX. XXXXXX	134
10	Point	zrzhczt_ggfwss_xjfd	1719-zrzhczt_ggfwss_xjfd	XX. XXXXXX	XX. XXXXXX	180
11	Point	zrzhczt_ggfwss_xjfd	1727-zrzhczt_ggfwss_xjfd	XX. XXXXXX	XX. XXXXXX	161
12	Point	zrzhczt_ggfwss_xjfd	1720-zrzhczt_ggfwss_xjfd	XX. XXXXXX	XX. XXXXXX	120
13	Point	zrzhczt_ggfwss_xjfd	1736-zrzhczt_ggfwss_xjfd	XX. XXXXXX	XX. XXXXXX	217
14	Point	zrzhczt_ggfwss_xjfd	1733-zrzhczt_ggfwss_xjfd	XX. XXXXXX	XX. XXXXXX	75
15	Point	zrzhczt_ggfwss_xjfd	1718-zrzhczt_ggfwss_xjfd	XX. XXXXXX	XX. XXXXXX	102
16	Point	zrzhczt_ggfwss_xjfd	1717-zrzhczt_ggfwss_xjfd	XX. XXXXXX	XX. XXXXXX	398
17	Point	zrzhczt_ggfwss_xjfd	1715-zrzhczt_ggfwss_xjfd	XX. XXXXXX	XX. XXXXXX	122
18	Point	zrzhczt_ggfwss_xjfd	1724-zrzhczt_ggfwss_xjfd	XX. XXXXXX	XX. XXXXXX	27

(0 out of 27 Selected)

星级饭店

图 4－12　各级各类星级饭店空间属性信息表（示例）

七、公共服务设施（体育场馆）普查示例

（一）清查示例

基于技术规范第二章第二节流程进行清查，得到的清查成果见表 4－14。

表 4－14　公共服务设施（体育场馆）清查成果表（示例）

序号	对象分类	单位名称	单位地址	位置信息	统一社会信用代码	备注
1	公共服务设施(体育场馆)	北京市房山区燕山综合体育管理中心	北京市房山区燕房路 52 号	××. ××××××	121101115636536388	…
2	公共服务设施(体育场馆)	北京市房山区体育局体育场馆管理中心	北京市房山区政通路 26 号	××. ××××××	12110111558582724T	…

表 4 – 14（续）

序号	对象分类	单位名称	单位地址	位置信息	统一社会信用代码	备注
3	公共服务设施（体育场馆）	北京海琦体育发展有限公司	北京市房山区长阳镇稻田南里 5 号 9 幢	××. ××××××	91110115MA00434G3K	…
…	公共服务设施（体育场馆）	…	…	…	…	…
n	公共服务设施（体育场馆）	…	…	…	…	…

（二）调查示例

基于技术规范第三章第一节基本流程进行调查，得到调查对象的空间位置和灾害属性信息，成果汇总表见表 4 – 15。

表 4 – 15 公共服务设施（体育场馆）调查成果汇总表（示例）

名 称	地 址	经 度	纬 度	场馆类型	运营模式	…
（文字说明）	（文字说明）	—	—	（单选）	（单选）	…
北京海琦体育发展有限公司	北京市房山区长阳镇稻田南里 5 号 9 幢	××. ××××××	××. ××××××	游泳馆/跳水馆	直接运营	…
北京市房山区体育局体育场馆管理中心	北京市房山区政通路 26 号	××. ××××××	××. ××××××	体育场	委托运营	…
北京市房山区燕山综合体育馆管理中心	北京市房山区燕房路 52 号	××. ××××××	××. ××××××	体育馆	直接运营	…

（三）调查成果演示

公共服务设施（体育场馆）调查成果空间位置如图4－13所示，属性信息如图4－14所示。

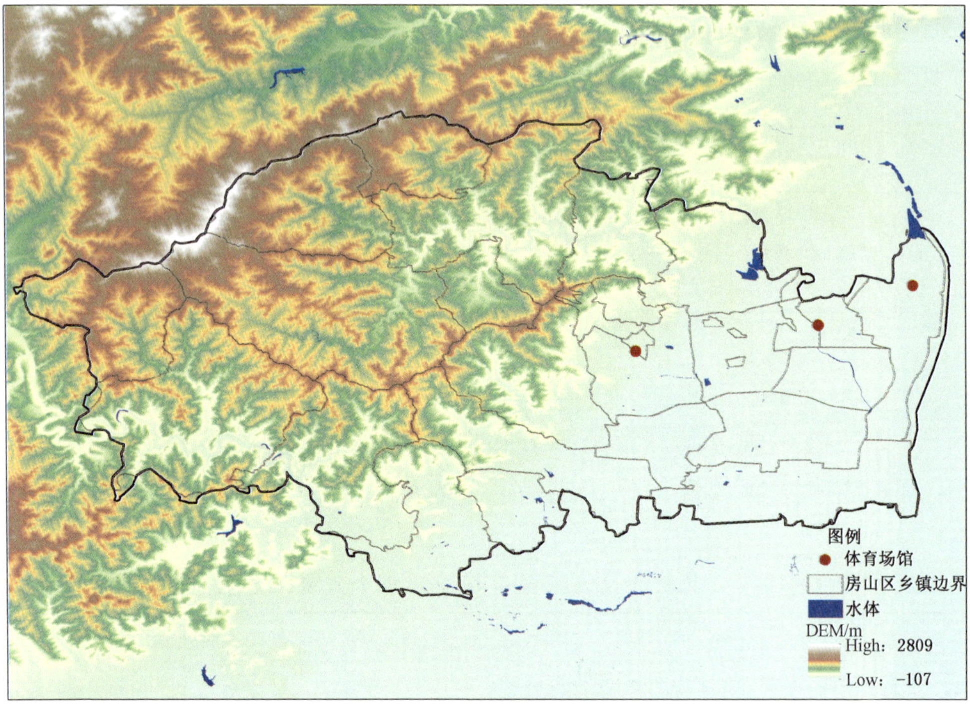

图4－13　各级各类体育场馆空间位置图

体育场馆

FID	Shape	bm	id	jd	wd	tbr	cdmj	cglx
0	Point	zrzhczt_ggfwss_tycg	1117-zrzhczt_ggfwss_tycg	XX.XXXXXX	XX.XXXXXX	张三	1600	游泳馆/跳
1	Point	zrzhczt_ggfwss_tycg	1116-zrzhczt_ggfwss_tycg	XX.XXXXXX	XX.XXXXXX	XX	23193	体育场
2	Point	zrzhczt_ggfwss_tycg	1115-zrzhczt_ggfwss_tycg	XX.XXXXXX	XX.XXXXXX	XX	6300	体育馆

(0 out of 3 Selected)

图4－14　各级各类体育场馆空间属性信息表（示例）

八、公共服务设施（宗教活动场所）普查示例

（一）清查示例

基于技术规范第二章第二节流程进行清查，得到的清查成果见表4－16。

表4－16　公共服务设施（宗教活动场所）清查成果表（示例）

序号	对象分类	单位名称	单位地址	位置信息	统一社会信用代码	备注
1	公共服务设施（宗教活动场所）	北京市房山区乐佛寺	北京市房山区十渡镇普渡山庄	××.××××××	71110111MCU0544450	…
2	公共服务设施（宗教活动场所）	北京市房山区太平庄教堂	北京市房山区西潞街道太平庄社区	××.××××××	71110111MCU054429A	…
3	公共服务设施（宗教活动场所）	北京市房山区常庄清真寺	北京市房山区良乡常庄村	××.××××××	71110111MCU0544375	…
4	公共服务设施（宗教活动场所）	北京市房山区圣莲山真武庙	北京市房山区史家营乡圣莲山风景区	××.××××××	71110111053636686F	…
…	公共服务设施（宗教活动场所）	…	…	…	…	…
n	公共服务设施（宗教活动场所）	…	…	…	…	…

（二）调查示例

基于技术规范第三章第一节基本流程进行调查，得到调查对象的

空间位置和灾害属性信息，成果汇总表见表4－17。

表4－17　公共服务设施（宗教活动场所）调查成果汇总表（示例）

名　称	地　址	经　度	纬　度	宗教类型	派　别	…
（文字说明）	（文字说明）	—	—	（单选）	（单选）	…
北京市房山区太平庄教堂	北京市房山区西潞街道太平庄社区	xx. xxxxxx	xx. xxxxxx	基督教	汉语系	…
北京市房山区天开寺	北京市房山区韩村河镇龙门口村	xx. xxxxxx	xx. xxxxxx	佛教	汉语系	…
北京市房山区新街清真寺	北京市房山区周口店地区新街村	xx. xxxxxx	xx. xxxxxx	伊斯兰教	汉语系	…
北京市房山区乐佛寺	北京市房山区十渡镇普渡山庄	xx. xxxxxx	xx. xxxxxx	佛教	汉语系	…
北京市房山区窦店清真寺	北京市房山区窦店镇窦店村	xx. xxxxxx	xx. xxxxxx	伊斯兰教	汉语系	…
北京市房山区上英水真武庙	北京市房山区佛子庄乡上英水村	xx. xxxxxx	xx. xxxxxx	道教	全真	…
北京市房山区常庄清真寺	北京市房山区良乡常庄村	xx. xxxxxx	xx. xxxxxx	伊斯兰教	汉语系	…
北京市房山区药师寺	北京市房山区周口店镇涞沥水村	xx. xxxxxx	xx. xxxxxx	佛教	汉语系	…
天主教北京教区立教教堂	北京市房山区琉璃镇立教村	xx. xxxxxx	xx. xxxxxx	天主教	汉语系	…

（三）调查成果演示

公共服务设施（宗教活动）调查成果空间位置如图4－15所示，

属性信息如图 4－16 所示。

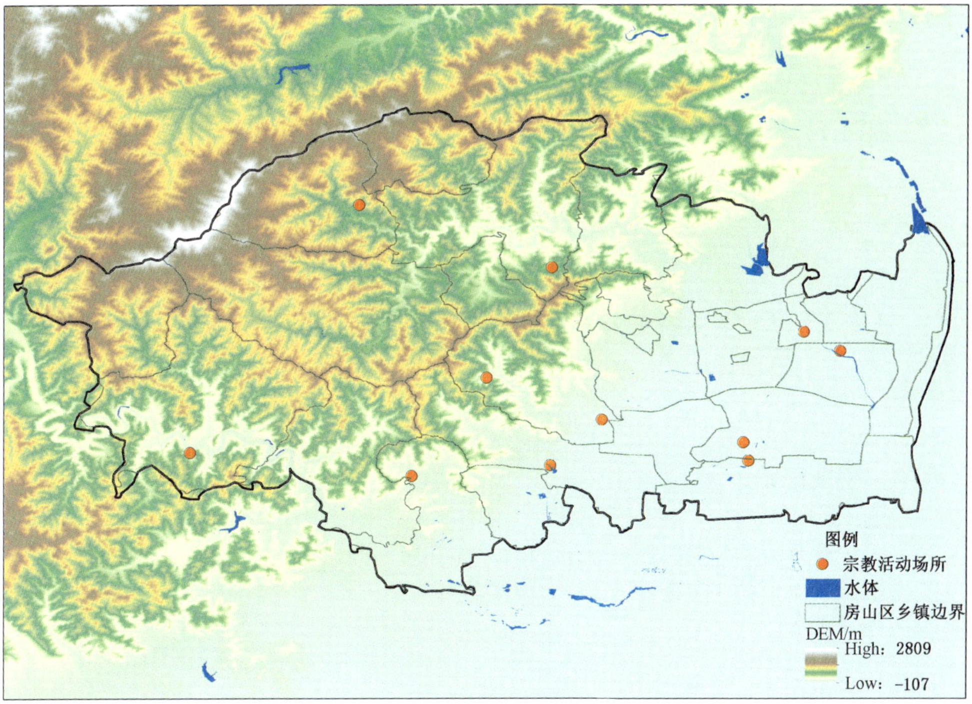

图 4－15 各级各类宗教活动场所空间位置图

宗教活动场所

FID	Shape	bm	id	jd	pb	wd
0	Point	zrzhczt_ggfwss_zjhdcs	23392-zrzhczt_ggfwss_zjhdcs	XX.XXXXXX	汉语系	XX.XXXXXX
1	Point	zrzhczt_ggfwss_zjhdcs	23387-zrzhczt_ggfwss_zjhdcs	XX.XXXXXX	汉语系	XX.XXXXXX
2	Point	zrzhczt_ggfwss_zjhdcs	23383-zrzhczt_ggfwss_zjhdcs	XX.XXXXXX	汉语系	XX.XXXXXX
3	Point	zrzhczt_ggfwss_zjhdcs	23393-zrzhczt_ggfwss_zjhdcs	XX.XXXXXX	汉语系	XX.XXXXXX
4	Point	zrzhczt_ggfwss_zjhdcs	23390-zrzhczt_ggfwss_zjhdcs	XX.XXXXXX	汉语系	XX.XXXXXX
5	Point	zrzhczt_ggfwss_zjhdcs	23385-zrzhczt_ggfwss_zjhdcs	XX.XXXXXX	全真	XX.XXXXXX
6	Point	zrzhczt_ggfwss_zjhdcs	23389-zrzhczt_ggfwss_zjhdcs	XX.XXXXXX	汉语系	XX.XXXXXX
7	Point	zrzhczt_ggfwss_zjhdcs	23386-zrzhczt_ggfwss_zjhdcs	XX.XXXXXX	汉语系	XX.XXXXXX
8	Point	zrzhczt_ggfwss_zjhdcs	23388-zrzhczt_ggfwss_zjhdcs	XX.XXXXXX	汉语系	XX.XXXXXX
9	Point	zrzhczt_ggfwss_zjhdcs	23391-zrzhczt_ggfwss_zjhdcs	XX.XXXXXX	汉语系	XX.XXXXXX
10	Point	zrzhczt_ggfwss_zjhdcs	23384-zrzhczt_ggfwss_zjhdcs	XX.XXXXXX	全真	XX.XXXXXX

(0 out of 11 Selected)

图 4－16 各级各类宗教活动场所空间属性信息表（示例）

九、公共服务设施（大型超市、百货店和亿元以上商品交易市场）普查示例

（一）清查示例

基于技术规范第二章第二节流程进行清查，得到的清查成果见表4－18。

表4－18　公共服务设施（大型超市、百货店和亿元以上商品交易市场）清查成果表（示例）

序号	对象分类	单位名称	单位地址	位置信息	统一社会信用代码	备注
1	公共服务设施（大型超市、百货店和亿元以上商品交易市场）	北京燕山蓝腾购物中心有限公司	北京市房山区燕山岗南路23号	××.××××××	911103047404243787	…
2	公共服务设施（大型超市、百货店和亿元以上商品交易市场）	北京燕鑫华冠商贸有限公司燕房路生活购物广场	北京市房山区燕山燕房路临111号	××.××××××	9111003045890806713	…
3	公共服务设施（大型超市、百货店和亿元以上商品交易市场）	北京中大瑞祥百货市场有限公司	北京市房山区良乡西潞大街1号	××.××××××	91110111749395278X	…
4	公共服务设施（大型超市、百货店和亿元以上商品交易市场）	北京市永安农副产品批发市场中心	北京市房山区兴房大街55号	××.××××××	91110111102827789U	…

表 4-18（续）

序号	对象分类	单位名称	单位地址	位置信息	统一社会信用代码	备注
…	公共服务设施（大型超市、百货店和亿元以上商品交易市场）	…	…	…	…	…
n	公共服务设施（大型超市、百货店和亿元以上商品交易市场）	…	…	…	…	…

（二）调查示例

基于技术规范第三章第一节基本流程进行调查，得到调查对象的空间位置和灾害属性信息，成果汇总表见表 4-19。

表 4-19 公共服务设施（大型超市、百货店和亿元以上商品交易市场）调查成果汇总表（示例）

名 称	地 址	经 度	纬 度	商业类型	占地面积	…
（文字说明）	（文字说明）	—	—	（单选）	m^2	…
北京绿地京创商业管理有限公司	北京市房山区拱辰街道天星街 1 号院 7 号楼	××.××××××	××.××××××	百货店	80009.73	…
北京燕鑫华冠商贸有限公司燕房路生活购物广场	北京市房山区燕山燕房路临 111 号	××.××××××	××.××××××	大型超市	765	…

表 4－19（续）

名　称	地　址	经　度	纬　度	商业类型	占地面积	…
北京燕山蓝腾购物中心有限公司	北京市房山区燕山岗南路23号	××．××××××	××．××××××	百货店	4815.37	…
北京中大瑞祥百货市场有限公司	北京市房山区良乡西潞大街1号	××．××××××	××．××××××	亿元以上商品交易市场	2300	…
北京良乡盛通家居广场市场有限公司	北京市房山区良乡月华大街1号	××．××××××	××．××××××	亿元以上商品交易市场	2642.9	…
北京燕鑫华冠商贸有限公司燕山三十一店	北京市房山区燕山双泉河路东侧	××．××××××	××．××××××	大型超市	1668.5	…
永辉超市	北京市房山区长阳镇广阳新路9号院1号楼	××．××××××	××．××××××	大型超市	15000	…
北京城建胜茂房地产开发有限责任公司	北京市房山区政通南路2号院1号楼	××．××××××	××．××××××	百货店	43269	…

（三）调查成果演示

公共服务设施（大型超市、百货店和亿元以上商品交易市场）调查成果空间位置如图 4－17 所示，属性信息如图 4－18 所示。

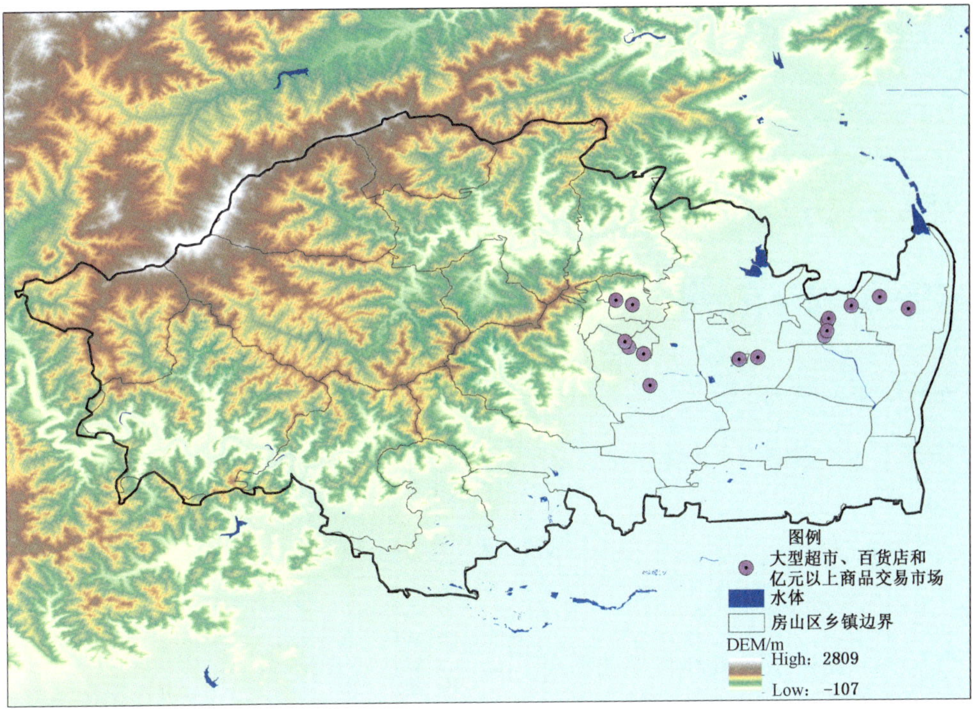

图 4-17　各级各类大型超市、百货店和亿元以上商品交易市场空间位置图

大型超市、百货店和亿元以上商品交易市场

FID	Shape	bm	id	jd	wd	tbr	tws	cj
0	Point	zrzhczt_ggfwss_spjysc	1854-zrzhczt_ggfwss_spjysc	XX.XXXXXX	XX.XXXXXX	张三	102	
1	Point	zrzhczt_ggfwss_spjysc	1861-zrzhczt_ggfwss_spjysc	XX.XXXXXX	XX.XXXXXX	李四		
2	Point	zrzhczt_ggfwss_spjysc	1857-zrzhczt_ggfwss_spjysc	XX.XXXXXX	XX.XXXXXX	XX	50	
3	Point	zrzhczt_ggfwss_spjysc	1850-zrzhczt_ggfwss_spjysc	XX.XXXXXX	XX.XXXXXX	XX	227	
4	Point	zrzhczt_ggfwss_spjysc	1848-zrzhczt_ggfwss_spjysc	XX.XXXXXX	XX.XXXXXX	XX	267	
5	Point	zrzhczt_ggfwss_spjysc	1859-zrzhczt_ggfwss_spjysc	XX.XXXXXX	XX.XXXXXX	XX		
6	Point	zrzhczt_ggfwss_spjysc	1853-zrzhczt_ggfwss_spjysc	XX.XXXXXX	XX.XXXXXX	XX	29	
7	Point	zrzhczt_ggfwss_spjysc	1849-zrzhczt_ggfwss_spjysc	XX.XXXXXX	XX.XXXXXX	XX	276	
8	Point	zrzhczt_ggfwss_spjysc	1863-zrzhczt_ggfwss_spjysc	XX.XXXXXX	XX.XXXXXX	XX		
9	Point	zrzhczt_ggfwss_spjysc	1856-zrzhczt_ggfwss_spjysc	XX.XXXXXX	XX.XXXXXX	XX	8	
10	Point	zrzhczt_ggfwss_spjysc	1862-zrzhczt_ggfwss_spjysc	XX.XXXXXX	XX.XXXXXX	XX		
11	Point	zrzhczt_ggfwss_spjysc	1852-zrzhczt_ggfwss_spjysc	XX.XXXXXX	XX.XXXXXX	XX	226	
12	Point	zrzhczt_ggfwss_spjysc	1860-zrzhczt_ggfwss_spjysc	XX.XXXXXX	XX.XXXXXX	XX		
13	Point	zrzhczt_ggfwss_spjysc	1858-zrzhczt_ggfwss_spjysc	XX.XXXXXX	XX.XXXXXX	XX	35	
14	Point	zrzhczt_ggfwss_spjysc	1851-zrzhczt_ggfwss_spjysc	XX.XXXXXX	XX.XXXXXX	XX	382	
15	Point	zrzhczt_ggfwss_spjysc	1847-zrzhczt_ggfwss_spjysc	XX.XXXXXX	XX.XXXXXX	XX	410	
16	Point	zrzhczt_ggfwss_spjysc	1855-zrzhczt_ggfwss_spjysc	XX.XXXXXX	XX.XXXXXX	XX	330	

1 (0 out of 17 Selected)

图 4-18　各级各类大型超市、百货店和亿元以上商品交易市场空间属性信息表（示例）

第三节　普查数据统计汇总

北京市房山区公共服务设施试点阶段调查成果的汇总审核情况见表4－20，结合前期清查、调查、并经核查及质检，最终完成汇交。

表4－20　公共服务设施普查数据统计汇总表

序号	调查对象小类	总数量	审核情况			上报情况	
			未通过	已审核	待审核	待上报	已上报
1	学校	332	0	332	0	0	332
2	医疗卫生机构	59	0	59	0	0	59
3	提供住宿的社会服务机构	53	0	53	0	0	53
4	公共文化场所	9	0	9	0	0	9
5	旅游景区	25	0	25	0	0	25
6	星级饭店	26	0	26	0	0	26
7	体育场馆	2	0	2	0	0	2
8	宗教活动场所	11	0	11	0	0	11
9	大型超市、百货店和亿元以上商品交易市场	18	0	18	0	0	18
10	县域基础指标统计表	1	0	1	0	0	1
11	乡（镇）基础指标统计表	1	0	1	0	1	1

总体来看，在试点初期阶段，并没有建立完善的软件填报和严格

的三级审核流程，系统审核工作有不到位的情况，但针对试点清查和调查过程中暴露的问题是具有普遍代表性的，因此意识到清查对象的质量核查和数据质量核查是非常重要的环节，同时调查过程中的软件填报质检尤为重要，相关经验为全国范围大普查提供了的宝贵经验基础。

第五章 注 意 事 项

本章列举了“大会战”试点和全国122个县试点调查阶段遇到的问题或注意事项进行了汇总、整理，并列举了关键名词解释和各类对象调查中常见问题。

第一节 调查时点与阶段性质量检查的注意事项

一、普查时点

技术规范中规定，普查数据截至2020年12月31日，上一年度为2020年，近30年为1991—2020年；试点数据截至2019年12月31日，上一年度为2019年，近30年为1990—2019年。但由于学校（机构）普遍采用教育系统统一时点进行资料采集，因此学校（机构）普查时点改为2021年9月1日，试点普查时点改为2020年9月1日，即按照教育年度和统计时点一致的原则执行。

二、质量核查

（一）清查成果质量控制

技术规范中，未明确清查成果、调查成果的质量核查技术流程。具体可参考普查试点案例部分内容及《应急管理系统调查成果质检核查办法》。具体质控方式，可通过收集往年年鉴等统计数据，汇总列出调查对象的二级类对象数量列表，这样基本明确了清查工作的任务量。以此为基础，清查结束汇集成果后，可与清查成果的各级各类对象总量进行对比，在掌握调查对象数量或多、或少的原因后，定性判断清查任务完成情况。由于部分调查对象年度变化较大，所以该方法并不是衡量质量好坏的绝对量化标准，但可以帮助相关负责人员掌握变化的原因，更深入的了解调查过程中的真实情况，也更易于综合判断清查成果质量。

（二）调查成果质量控制

调查数据成果质量，主要通过表内逻辑关系进行核查。但由于存在逻辑关系的指标较少，大量的指标需要通过指标数据属性反映出的真实情况判断。另外，同类对象不同调查单元的表间同类指标数值如果存在巨大差异，可通过软件辅助人为识别判断其合理性。另外，注意填报时指标的数量单位。

第二节 其他注意事项

在第一次全国自然灾害风险普查试点阶段，根据全国调查过程中出现的常见问题进行了汇总和归类，其中问题及其解答情况详见附录一、附录二。

附录一 名 词 解 释

“精神病院或精神卫生中心”定义不明确

结合《卫生机构（组织）分类与代码》（WS 218—2002）内容来看，A 类除了 A6 都调查，B、C、E、F、G、H、J 都调查，其他类都不调查。其中 H212 的精神卫生中心（20 床位以下）和 P911 的精神病人收养院、精神病托养中心应由提供住宿的社会服务机构填报；H212 的精神病院由医疗卫生机构统计填报。

附录二 常见问题解答

一、常见通用问题

1. 目前不清楚的指标，是否可以为空？

所有指标均不能为空，需要填报。不清楚的部分可通过指标解释查询、统计部门专家咨询、普查区域定点联络员沟通以及规范撰写专家沟通等方式予以解决。部分指标明确数量很少且年鉴中没有相关统计资料的指标，由县区统计部门专家经验估算后填报。

2. 国家普查办下发的清查底图数据不全，可否换成我们地方自有电子数据，然后进行清查、查缺补漏？

按照清查阶段的总体原则，国家普查办提供的底图仅为参考，支持并鼓励地方使用更完善的底图进行清查，清查成果需与普查办要求一致。

3. 填报人信息是否需要明确？

填表人指具体填报人员，统计人是指协办单位负责人（如填报卫生医疗机构调查表时，统计人为卫健委部门对接专家或部门负责人），单位负责人填该调查对象（单位或机构）法人代表。填表人、统计人、负责人不可同为一人，明确部门责任人，切实保证数据质量。

4. 一个机构同属于两个调查对象，比如既属于旅游景区也属于宗教活动场所，是否分别填报？

需要分别填报，调查指标和目的不同。

5. “曾经遭受过的自然灾害类型”指标，没有遭遇过灾害的记录，是否需要填报？是不是可以从历史灾害调查那边调用资料（仅到县级或乡镇)?

没有遭遇过灾害的记录或没有损失选填“其他(无)”。建议不调用,历史灾害调查与公共服务设施调查组织形式不同,公共服务设施涉及的对象共有130多个小类,依靠相应行业部门的力量调查会更快捷、也更专业。

6. 关于填报地址问题,是全部明确带上街道“上海市静安区江宁路街道余姚路170号”这样,还是说填写到“上海市静安区余姚路170号”这种即可?

写“江宁路街道余姚路170号”即可,填报单元已经到县级单元,不用重复省市县行政单元名称。

7. 根据公共图书馆定义,现在还包括街道、社区党群中心的图书馆吗?

指标解释是对公共图书馆设施的定义,不是对调查范围的界定。调查范围按照范围界定为准,不包括街道、社区党群中心的图书馆。

8. 社区卫生中心(社康中心)没有“统一社会信用代码/机构编码”,可以填其上级单位的统一信用代码吗?

不能替代,确定没有的情况下,可以不写或根据软件要求填写“-9999”代替。

9. 为什么国家实施方案已经改名公共服务系统调查,但规范还是叫公共服务设施调查技术规范,规范还会再更新一版吗?

调查技术规范于2021年4月份正式下发,不会再更新。目前国家实施方案中“公共服务系统”含义与“公共服务设施”一致。

二、学校调查问题解答

1. 比如某学校有多个校区,但法人单位只有一个,如何填报?

按照单体调查原则,空间上独立的区域需要单独填报,即几个校区填报几张调查表。单体主要强调空间上是独立的,由于道路横穿形成的两个空间单元,可视为一个单体进行调查。

2. 学校调查的统计时点为9月1日，但9月1日未必是所有学校的开学日，因此未开学情况下的学生人数等指标如何填报？

具体参照教育部门以往普查时点进行，即“统计时点”是指统计数据的调查截止时间，一般“学年”初日期为9月1日，具体可根据学校实际“学年”初日作为截止日进行调查。

3. 学校调查中组织机构代码没有，如何填报？

针对新建学校，尚未获取组织机构代码，且已有学生的学校，可以不填该字段，系统提醒后提交即可。

4. 提供住宿的社会服务机构或者学校等公共服务设施类，2020年12月31日前已经注册登记、备案，但是没开业、招生的，现在还在装修情况，在本次普查范围内吗？

建议参照附设教学班的处理方法：①按照注册地址进行填报（该校址没有学生的，也如实填报）；②借用某校场所的学生人数等指标，应填报到所借学校的调查表格里面去，时间和地点保持一致。

三、医疗卫生机构调查问题解答

1. 公共服务设施（医疗卫生机构）调查表中的“医疗卫生机构类别代码”，根据填表说明，代码依据《卫生机构（组织）分类与代码》（WS 218—2002）标准确定，但未给出标准说明文档，基层不能明确格式要求，是否要给出说明文档并统一格式？

卫生机构类别代码依据《卫生机构（组织）分类与代码》（WS 218—2002）标准规定填写，查找附表A中的小类代码（4位编码）填报，具体为1位大写字母+3位数字组成。另外，《卫生机构（组织）分类与代码》（WS 218—2002）标准文档会作为辅助填报材料（见附件）。

2. 公共服务设施（医疗卫生机构）调查表中“工勤技能人员数”指标项，是否包括派遣人员？还是说虽是派遣但从事“包括承担技能操作和维护、后勤保障、服务等职责的工作人员”（填报说明）也算进去？

派遣人员如果属于医院固定人员或长期聘用人员，应该包括在内，注意仅统计从事“功能技能人员”相关工作的人数。

四、提供住宿的社会服务机构调查问题解答

提供住宿的社会服务机构调查表中，“年末职工人数”“年末床位数”“年末在院人数（人）”三个指标项，试点阶段的年末指的是2019年末数据吗？

针对年末统计指标，试点县可按照2019年末数据进行填报。

五、公共文化场所调查问题解答

1. 公共服务设施（公共文化场所）调查表中，某县如龙岗区文化中心里面包括A、B、C、D区，涵盖了剧院、音乐厅、图书馆、文化馆等场所，当选择按照一个调查主体（如这里的文化中心）填报，满足“年总流通人次（人）”指标项后，出现了“机构类型”选项，这里又要在图书馆、博物馆、文化馆、美术馆、艺术表演场馆下拉选项中明确选择，这里该如何填报？

选择该文化中心中最主要的类型填报。

2. 公共服务设施（公共文化场所）调查表中“功能及服务情况：总藏量”“一级品文物数（件/套）”“二级品文物数（件/套）”“三级品文物数（件/套）”，这些指标只适合图书馆、文博馆之类的，是否不是“必填”项？

指标解释中有提示，如无该等级文物藏品请填“0”。所有指标均需填报，没有统计且明确很少的情况下，可填“0”。

六、旅游景区调查问题解答

一个机构同属于两个调查对象，比如既属于旅游景区也属于宗教活动场所，是否分别填报？

需要分别填报，因为主要调查指标内容和评估目的不同。

七、星级饭店调查问题解答

暂无。

八、体育场馆调查问题解答

体育场和体育馆空间在一起，且同为一个经营管理部门，因此固定资产等指标不好区分，该如何填报？

空间上可看作一个单体，仅填报一份调查表即可；具体类型（体育场还是体育馆）可按照其主要功能选择后填报。

九、宗教活动场所调查问题解答

一个机构同属于两个调查对象，比如既属于旅游景区也属于宗教活动场所，是否分别填报。

需要分别填报，因为主要调查指标内容和评估目的不同。

十、大型超市、百货店和亿元以上商品交易市场调查问题解答

1. 商场里有电影院，电影院的占地面积如何填报，且需绘制面状空间信息，如何画？

区分大类为原则；此例中“商场”属于“大型超市、百货及亿元以上交易市场”大类，“电影院”属于“公共文化场所”大类，二者需要分别填报，空间范围可重复。但如果一个大类中有很多小类，比如文化中心，里面有电影院、图书馆、综艺场馆等，以及小型配套餐馆酒吧等，这种情况下，按照大类中主要类别填报，即首先大类确定为公共文化场所，具体类别可以按照最主要类别填报，比如该文化中心主打电影院，其他相对配套或次要，那么类别就可以确定为电影院，而空间范围包括整个文化中心即可。

2. 大型城市综合体归类为百货店，包含了20个以上不同门类的租赁店，大型超市、专业店、专卖店等，那其中的大型超市还需另外填报吗？一个百货店、一个超市这样填报吗？

按照上述原则，同一大类下的小类，不重复填报。

3. 购物中心应该选择哪个类型？选大型超市、百货店，还是亿元以上商品交易市场？

购物中心从含义上更符合百货店定义，交易市场更偏向于批发市场，所以购物中心可按照百货店类型填报。

十一、县域基础指标统计调查问题解答

1. “地方财政一般预算收入”指标，若年鉴中无地方财政一般预算收入项，是否可用公共财政预算收入代替？

可以。一般财政预算收入和公共财政预算收入是一样的。为了避免与预算体系中其他预算收入混淆，从 2012 年起各级政府一般预算收入改称为公共财政预算收入，在口径上与 2012 年之前的“一般预算收入”相同。

2. “居民人均可支配收入”指标，部分县区是区分城镇人口和农村人口分别统计的，该项是否需要同样拆开？

不拆分，计算总人均支配收入后填报。

3. 各县统计年鉴指标差异较大，如“电话普及率（包括移动电话）”“耕地面积”“水产品产量”“主要农业机械拥有量”等指标在近期年鉴中没有时，如何填报？

一般市级年鉴里是有的，可以咨询他们如何填报，如为抽样调查填报，可参考同样方法填报；或直接咨询主管部门专家通过经验估算填报，但需备注。

4. “粮食产量（吨）”指标项，区统计局系统今年才有相关数据，2019 年没有收集数据，试点阶段是要填 2019 年度数据，还是填今年截至目前现有数据？

基础指标统计表的填报，可按照最近出版的统计年鉴（如 2019 年社会经济统计年鉴）中数据进行填报，实际上 2019 年年鉴一般统计的是 2018 年度数据；如果统计年鉴中没有，可参照最近一次的社会经济普查数据进行填报。

5. “大牲畜数量”指标，没有明确定义，需明确大牲畜具体指哪些牲畜，是存栏量还是出栏量?

大牲畜指体型较大，须饲养2~3年以上才发育成熟的牲畜。如马、牛、驴、骡、骆驼等所列，猪羊不属于大牲畜。从灾害风险管理角度调查，其目标是现阶段财物或资产的量化统计，因此该指标的统计含义应为存栏数量。

6. “民用汽车拥有量”指标项，区统计局经过对照并无这些数据，对接工信局也没有相关数据，且无相应统计方式和路径，该如何填报?

可参考市级统计年鉴中相关数据，具体可咨询其填报统计方法，或经县级统计部门或相关管理部门估算后填报。

十二、乡（镇）基础指标统计调查问题的解答

暂无。

图书在版编目（CIP）数据

公共服务设施调查／国务院第一次全国自然灾害综合风险普查领导小组办公室编著. --北京：应急管理出版社，2021

第一次全国自然灾害综合风险普查培训教材

ISBN 978-7-5020-8958-0

Ⅰ.①公… Ⅱ.①国… Ⅲ.①城市公用设施—普查—技术培训—教材 Ⅳ.①U998

中国版本图书馆 CIP 数据核字（2021）第 213053 号

公共服务设施调查

（第一次全国自然灾害综合风险普查培训教材）

编　　著　国务院第一次全国自然灾害综合风险普查领导小组办公室
责任编辑　孟　楠
编　　辑　孔　晶　田　苑　李雨恬
责任校对　邢蕾严
封面设计　罗针盘

出版发行　应急管理出版社（北京市朝阳区芍药居 35 号　100029）
电　　话　010-84657898（总编室）　010-84657880（读者服务部）
网　　址　www.cciph.com.cn
印　　刷　北京盛通印刷股份有限公司
经　　销　全国新华书店

开　　本　710mm×1000mm 1/16　**印张**　11 1/2　**字数**　150 千字
版　　次　2021 年 12 月第 1 版　2021 年 12 月第 1 次印刷
社内编号　20211053　**定价**　44.00 元